中華古籍保護計劃

ZHONG HUA GU JI BAO HU JI HUA CHENG GUO

·成果·

(宋)沈括 撰

元本夢溪筆談

第一册

國家圖書館出版社

圖書在版編目(CIP)數據

元本夢溪筆談:全三册 / (宋)沈括撰.-- 北京:國家圖書館出版社,2017.9

(國學基本典籍叢刊)

ISBN 978-7-5013-6211-0

Ⅰ.①元… Ⅱ.①沈… Ⅲ.①筆記—中國—北宋 ②《夢溪筆談》—研究 Ⅳ.①Z429.441

中國版本圖書館CIP數據核字(2017)第218553號

書　　名　元本夢溪筆談(全三册)
著　　者　(宋)沈括　撰
責任編輯　程魯潔
封面設計　徐新狀

出　　版　國家圖書館出版社(100034　北京市西城區文津街7號)
(原書目文獻出版社　北京圖書館出版社)
發　　行　010-66114536　66126153　66151313　66175620
66121706(傳真)　66126156(門市部)
E-mail　nlcpress@nlc.cn(郵購)
Website　www.nlcpress.com→投稿中心
經　　銷　新華書店
印　　裝　河北三河弘翰印務有限公司
版　　次　2017年9月第1版　2017年9月第1次印刷

開　　本　880×1230(毫米)　1/32
印　　張　19

書　　號　ISBN 978-7-5013-6211-0
定　　價　60.00圓

《國學基本典籍叢刊》編委會

《國學基本典籍叢刊》前言

國家圖書館出版社（原書目文獻出版社 北京圖書館出版社）成立三十多年來，出版了大量的中國傳統文化典籍。由於這些典籍的出版往往採用叢書的方式或綫裝形式，供公共圖書館和大學圖書館典藏使用，普通讀者因價格較高、部頭較大，不易購買使用。爲弘揚優秀傳統文化，滿足廣大普通讀者的需求，現將經、史、子、集各部的常用典籍，選擇善本，分輯陸續出版單行本。每書之前均加簡要説明，必要者加編目録和索引，總名《國學基本典籍叢刊》。歡迎讀者提出寶貴意見和建議，以使這項工作逐步完善。

國家圖書館出版社

二〇一六年四月

序　言

《夢溪筆談》，宋沈括撰。沈括（一〇三一——一〇九五）字存中，錢塘（今杭州）人。嘉祐八年（一〇六三）進士，熙寧中官至翰林學士、龍圖閣待制，參與王安石變法。因永樂城失陷事謫爲均州團練副使，卜居潤州終老，築『夢溪園』以居。沈括博學善文，对天文、方志、律曆、音樂、醫藥、卜算等皆有涉獵。

目前傳世的《夢溪筆談》爲十七門二十六卷，內容涉及天文、曆法、水利、地理、化學、生物、醫藥、建築、音樂等。書中記載了活字印刷術、煉鋼煉銅的方法、建造船閘的方法等，這些成果表明北宋時期中國已達到較高的科技水平。《四庫全書總目》評價此書時稱：『湯修年跋稱其目見耳聞，皆有補於世，非他雜志之比。勘驗斯編，知非溢美矣。』

據南宋初年江少虞所編《皇朝事實類苑》的記載和《補筆談》補第二卷到第三十卷的內容來看，《夢溪筆談》最初的刻本應是三十卷，內容比今本二十六卷要豐富。通行的二十六卷本，在北宋末年或南宋初年已經流行。目前所知最早的二十六卷本爲南宋孝宗乾道二年（一一六六）揚州州學刻本。此刻本今已失傳。現存最早的《夢溪筆談》刻本，即本書影印的元大德九年（一三〇五）茶陵陳仁子東山書院刻本。此刻本是據乾道本重刊，從中可一窺宋本原貌。

元大德本卷端題爲『古迂陳氏家藏夢溪筆談』，原書爲蝴蝶裝，半葉十行十七字，白口，左右雙邊，單黑魚尾。框高十五點五厘米，寬十點一厘米。全書開本宏大，高四十一點六厘米，寬二十八點一厘米，而版框較小，別具特色。卷首爲沈括自序及古迂陳氏刻書序，序後附乾道二年（一一六六）揚州州學教授湯修年跋文。次爲目録，其後鐫『茶陵東山書院刊行』題記。

此本鈐有『東宮書府』『文淵閣印』『汪士鐘印』『平陽汪氏藏書印』『臣文琛印』『甲子丙寅韓德均錢潤文夫婦兩度攜書避難記』等印。據文獻記載及印章，大德本流傳有序，一度爲明清宫廷收藏，後流入民間，經汪士鐘、松江韓氏收藏。此後又爲近現代著名藏書家陳澄中（一八九四—一九七八）收藏。陳澄中在上世紀四十年代移居香港。一九六五年，他有意將包括元大德刻本《夢溪筆談》在内的一批善本出讓，幾經周折，最終這批善本回到國内，現藏於國家圖書館。今據原貌影印大德本《夢溪筆談》，以饗廣大讀者。

程魯潔

二〇一七年九月

總目録

第一册

第二册

第三册

第一册目録

據國家圖書館藏元大德九年（一三〇五）茶陵陳仁子東山書院刻本影印原書版框高十五點五厘米寬十點一厘米

夢溪筆談序

沈括存中述

予退處林下深居絶過從思平日與客言者時紀一事于筆則若有所晤言蕭然移日所與談者唯筆硯而已謂之筆談　聖謨國政及事近宮省皆不敢私紀至於繫當日士大夫毁譽者雖善亦不欲書非止不言人惡而已所録唯山間木蔭率意談噱不繫人之利害者下至閭巷之言靡所不有亦有得於傳聞者其間不能無缺謬以之爲言則甚卑以

子爲無意於言可也

褚先生喜讀外家傳語張華盡天下奇
秘書韓昌黎手不停披百家之編故其
學浩博而文淵永乃知學子耽經玩史
外別有虞初稗官之書亦未可少吳興
沈存中博覽古今於制度猶悉粤在熈
豐議車戰上奉元曆編修郡國圖頗極
博綜前史稱之暮年著筆談計二十六
卷自故事而下曰象數曰官政曰樂律
曰藥議辨謌正謬纂錄詳核聞未聞見

未見融之可以潤筆端採之可以裨信
史昔王儉出巾箱几案雜服飾令學士
隸事事多者與之人各得一二物陸澄
後至出衆所不知事各數條皆儉所未
覩并舊物奪去若澄更得此書又當奪
幾籌大德乙巳春茶陵古迂陳仁子刊
于東山書院并序

夢溪筆談序

廣陵曩丁雲擾幸存黌宮兩廡析爲官舍儲粟之所士皆暴露時有子衿之歎大帥周侯開藩之二年慨然謂成俗之方本乎禮義學宮又禮義之本一日盡舁官舍儲粟于外因其舊扶顛易圮而新之繼廣田祖稍增生員尋又斥其餘刊沈公筆談爲養士亡窮之利令方領修袂彬彬然禮義之風皆昔之在城闕者也夫教養相須既教而養之蔑如雖唐虞不能以化民此稷契二官所以相

爲表裏也今旣闢絃歌之地又開資給
之源可謂敎養兼得矣此書公庫舊有
之往往貿易以充郡帑不及學校今茲
反是益見薄於己而厚於士賢前人遠
矣脩年代匱泮宫備校書之職謹識其
本末且證辨譌舛凡五十餘字疑者無
他本不敢以意驟易姑存其舊以俟好
古博雅君子筆談所紀皆
祖宗盛時典故卿相太平事業及前世
制作之美雖目見耳聞者皆有補於世

非他雜誌之比云乾道二年六月日左

迪功郎充楊州州學教授湯脩年跋

夢溪筆談目録

雜誌二

卷第二十六

藥議

茶陵東山書院刊行

夢溪筆談目録

古迂陳氏家藏夢溪筆談卷一

沈括存中述

故事一

上親郊郊廟冊文皆曰恭薦歲事先景靈宮謂之朝獻次太廟謂之朝饗末乃有事于南郊予集郊式時曾預討論常疑其次序若先爲尊則郊不應在廟後若後爲尊則景靈宮不應在太廟之先求其所從來蓋有所因按唐故事凡有事于上帝則百神皆預遣使祭告唯太清宮太廟則皇帝親

行其冊祝皆曰取某月某日有事于某所
不敢不告宮廟謂之奏告餘皆謂之祭告
唯有事于南郊方爲正祠至天寶九載乃
下詔曰告者上告下之詞今後太清宮宜
稱朝獻太廟稱朝饗自此遂失奏告之名
冊文皆爲正祠

正衙法座香木爲之加金飾四足墮角其前
小偃織藤冒之每車駕出幸則使老内臣
馬上抱之曰駕頭輦後曲蓋謂之筤兩扇
夾心通謂之扇筤皆繡亦有銷金者即古

之華蓋也

唐翰林院在禁中乃人主燕居之所玉堂承

明金鑾殿皆在其間應供奉之人自學士

已下工伎羣官司隸籍其間者皆稱翰林

如今之翰林醫官翰林待詔之類是也唯

翰林茶酒司止稱翰林司蓋相承闕文唐

制自宰相而下初命皆無宣召之禮惟學

士宣召蓋學士院在禁中非內臣宣召無

因得入故院門別設複門亦以其通禁庭

也又學士院北扉者爲其在浴堂之南便

於應召今學士初拜自東華門入至左承天門下馬待詔院吏自左承天門雙引至閤門此亦用唐故事也唐宣召學士自東門入者彼時學士院在西掖故自翰林院東門赴召非若今之東華門也至如挽鈴故事亦緣其在禁中雖學士院吏亦止于玉堂門外則其嚴密可知如今學士院在外與諸司無異亦設鈴索悉皆文具故事而已

學士院玉堂　太宗皇帝曾親幸至今唯學

士上日許正坐他日皆不敢獨坐故事堂中設視草臺每草制則具衣冠據臺而坐今不復如此但存空臺而已玉堂東承旨閤子窻格上有火然處　太宗嘗夜幸玉堂蘇易簡爲學士已寢遽起無燭具衣冠宮嬪自窻格引燭入照之至今不欲更易以爲玉堂一盛事

東西頭供奉官本唐從官之名自永徽以後人主多居大明宮別置從官謂之東頭供奉官西内具員不廢則謂之西頭供奉官

唐制兩省供奉官東西對立謂之蛾眉班國初供奉班於百官前横列王溥罷相爲東宫一品班在供奉班之後遂令供奉班依舊分立慶曆賈安公爲中丞以東西班對拜爲非禮復令横行至今初敘班分立百官班定乃轉班横行參罷復分立百官班退乃出參用舊制也

衣冠故事多無著令但相承爲例如學士舍人躡履見丞相往還用平狀扣堦乘馬之類皆用故事也近歲多用靴簡章子厚爲

學士日因事論列今則遂爲著令矣
中國衣冠自北齊以來乃全用胡服窄袖緋
綠短衣長靿靴有蹀躞帶皆胡服也窄袖
利於馳射短衣長靿皆便於涉草胡人樂
茂草常寢處其間予使北時皆見之雖王
庭亦在深薦中予至胡庭日新雨過涉草
衣袴皆濡唯胡人都無所霑帶衣所垂蹀
躞蓋欲佩帶弓劍帉帨筭囊刀礪之類自
後雖去蹀躞而猶存其環環所以銜蹀躞
如馬之鞦根即今之帶銙也天子必以三

環爲節唐武德正觀時猶爾開元之後雖仍舊俗而稍裒博矣然帶鈎尚穿帶本爲孔本朝加順折茂人文也幞頭一謂之四脚乃四帶也二帶繫腦後垂之折帶反繫頭上令曲折附項故亦謂之折上巾唐制唯人主得用硬脚晚唐方鎮擅命始僭用硬脚本朝幞頭有直脚局脚交脚朝天順風凡五等唯直脚貴賤通服之又庶人所戴頭巾唐人亦謂之四脚蓋兩脚繫腦後兩脚繫頷下取其服勞不脫也無事則反

繫于頂上令人不復繫頷下兩帶遂爲虛設

唐中書指揮事謂之堂帖子曾見唐人堂帖宰相簽押格如今之堂劄子也

寺及史館檢討時議樞密院劄子問宣頭所起余按唐故事中書舍人職掌詔旨皆爲四本一本爲底一本爲宣此宣謂行出耳未以名書也晚唐樞密使自禁中受旨出付中書即謂之宣中書承受録之于籍謂之底今史館中尚有故宣底二卷如今之

聖語簿也梁朝初置崇仁院專行密命至
後唐莊宗復樞密使使郭崇韜安重誨爲
之始分領政事不關由中書直行下者謂
之宣如中書之敕小事則發頭子擬堂帖
也至今樞密院用宣及頭子本朝樞密院
亦用劄子但中書劄子宰相押字在上次
相及參政以次向下樞密院劄子樞長押
字在下副貳以次向上以此爲别頭子唯
給驛馬之類用之
百官於中書見宰相九卿而下即省吏高聲

唱一聲屈則趨而入宰相揖及進茶皆抗
聲贊喝謂之屈揖待制以上見則言請某
官更不屈揖臨退仍進湯皆於席南横設
百官之位升朝則坐京官已下皆立後殿
引臣寮則待制已上宣名拜舞庶官但贊
拜不宣名不舞蹈中書略貴者示與之抗
也上前則略微者殺禮也

唐制丞郎拜官即籠門謝今三司副使已上
拜官則拜舞于子階上百官拜于階下而
不舞蹈此亦籠門故事也

學士院第三廳學士閣子當前有一巨槐素
號槐廳舊傳居此閣者多至入相學士爭
槐廳至有抵徹前人行李而强據之者余
為學士時目觀此事
諫議班在知制誥上若帶待制則在知制誥
下從職也戲語謂之帶墜
集賢院記開元故事校書官許稱學士今三
館職事皆稱學士用開元故事也
館閣新書淨本有誤書處以雄黃塗之嘗校
改字之法刮洗則傷紙紙貼之又易脫粉

塗則字不没塗數遍方能漫滅唯雌黄一漫則滅仍久而不脱古人謂之鉛黄蓋用之有素矣

余爲鄜延經略使日新一廳謂之五司廳延州正廳乃都督廳治延州事五司廳治鄜延路軍事如唐之使院也五司者經略安撫總管節度觀察也唐制方鎮皆帶節度觀察處置三使今節度之職多歸總管司觀察歸安撫司處置歸經略司其節度觀察兩案并支掌推官判官今皆治州事而

已經略安撫司不置佐官以帥權不可更
不專也都總管副總管鈐轄都監同簽書
而皆受經略使節制
銀臺司兼門下封駁乃給事中之職當隸門
下省故事乃隸樞密院下寺監皆行劄子
寺監具申狀雖三司亦言上銀臺主判不
以官品初冬獨賜翠毛錦袍學士以上自
從本品行案用樞密院雜司人吏主判食
樞密廚蓋樞密院子司也
大駕鹵簿中有勘箭如古之勘契也其牡謂

之雄牡箭牝謂之闒伎箭本胡法也熙寧
中罷之

前世藏書分隸數處蓋防水火散亡也今三
館秘閣凡四處藏書然同在崇文院其間
官書多爲人盜竊士大夫家往往得之嘉
祐中置編校官八員雜讎四館書給吏百
人悉以黄紙爲大冊寫之自此私家不敢
輙藏校讎累年僅能終昭文一館之書而
罷

舊翰林學士地勢清切皆不兼他務文館職

任自校理以上皆有職錢唯内外制不給
楊大年久爲學士家貧請外表詞千餘言
其間兩聯曰虚忝甘泉之從臣終作莫敖
之餒鬼從者之病莫興方朔之飢欲死京
師百官上日唯翰林學士敕設用樂他雖
宰相亦無此禮優伶並開封府點集陳和
叔除學士時和叔知開封府遂不用女優
學士院敕設不用女優自和叔始
禮部貢院試進士日設香案于堦前主司與
舉人對拜此唐故事也所坐設位供張甚

盛有司具茶湯飲漿至試學究則悉徹帳
幕氈席之類亦無茶湯渴則飲硯水人人
皆黔其吻非故欲困之乃防氈幕及供應
人私傳所試經義蓋嘗有敗者故事爲之
防歐文忠有詩焚香禮進士徹幕待經生
以爲禮數重輕如此其實自有謂也
嘉祐中進士奏名訖未御試京師妄傳王俊
民爲狀元不知言之所起人亦莫之知俊民
爲何人及御試王荊公時爲知制誥與天
章閣待制楊樂道二人爲詳定官舊制御

試舉人設初考官先定等第復彌之以送覆考官再定等第乃付詳定官發初考官所定等以對覆考之等如同即已不同則詳其程文當從初考或從覆考爲定即不得別立等是時王荊公以初覆考所定第一人皆未允當於行間別取一人爲狀首楊樂道守法以爲不可議論未決太常少卿朱從道時爲封彌官聞之謂同舍曰二公何用力爭從道十日前已聞王俊民爲狀元事必前定二公恨自苦耳既而二人

各以已意進稟而詔從荆公之請及發封
乃王俊民也詳定官得別立等自此始遂
爲定制
選人不得乘馬入宮門天聖中選人爲館職
始歐陽永叔黄鑑輩皆自左掖門下馬入
館當時謂之步行學士嘉祐中於崇文院
置編校局校官皆許乘馬至院門其後中
書五房置習學公事官亦緣例乘馬赴局
車駕行幸前驅謂之隊則古之清道也其次
衛仗衛仗者視闌入宮門法則古之外仗

也其中謂之禁圍如殿中仗天官掌舍無宮則供人門今謂之殿門天武官極天下長人之選八人上御前殿則執鉞立于紫宸門下行幸則爲禁圍門行于仗馬之前又有衡門十人隊長一人選諸武力絶倫者爲之上御後殿則執檛東西對立于殿前亦古之虎賁人門之類也

余嘗購得後唐閔帝應順元年案檢一通乃除宰相劉昫兼判三司堂檢前有擬狀云具官劉昫右伏以劉昫經國才髙正君志

切方屬體元之運寳資謀始之規宜注宸
衷委司判計漸期富庶永賛聖明臣等商
量望授依前中書侍郎兼吏部尚書同中
書門下平章事充集賢殿太學士兼判三
司散官勳封如故未審可否如蒙允許望
付翰林降制處分謹録奏聞其後有制書
曰宰臣劉句右可兼判三司公事宜令中
書門下依此施行付中書門下准此四月
十日用御前新鑄之印與今政府行遣稍
異

本朝要事對稟常事擬進入畫可然後施行謂之熟狀事速不及待報則先行下具先行下具制草奏知謂之進草熟狀白紙書宰相押字他執政具姓名進草即黃紙書宰臣執政皆於狀背押字堂檢宰執皆不押唯宰屬於檢背書日堂吏書名用印此擬狀有詞宰相押檢不印此其爲異也大率唐人風俗自朝廷下至郡縣決事皆有詞謂之判則書判科是也押檢二人乃馮道李愚也狀檢瀛王親筆甚有改竄勾抹

勵按舊五代史應順元年四月九日己卯
鄂王薨庚辰以宰相劉昫判三司正是十
日與此檢無差宋次道記開元宰相奏請
鄭畋鳳池藁草擬狀注制集悉多用四六
皆宰相自草今此擬狀馮道親筆蓋故事
也
舊制中書樞密院三司使印並塗金近制三
省樞密院印用銀爲之塗金餘皆鑄銅而
已

古迂陳氏家藏夢溪筆談卷一

古迂陳氏家藏夢溪筆談卷二

沈括　存中述

故事二

三司使班在翰林學士之上舊制權使即與正同故三司使結銜皆在官職之上慶曆中葉道卿爲權三司使執政有欲抑道卿者降敕時移權三司使在職下結銜遂立翰林學士之下至今爲例後嘗有人論列結銜雖依舊而權三司使初除閤門取旨閤有敘學士者然不爲定制

宗子授南班官世傳王文正太尉爲宰相日
始開此議不然也故事宗子無遷官法唯
遇稀曠大慶則普遷一官景祐中初定
祖宗並配南郊宗室欲緣大禮乞推恩使
諸王宫教授刁約草表上聞後約見丞相
王沂公公問前日宗室乞遷官表何人所
爲約未測其意答以不知歸而思之恐事
窮且得罪乃再詣相府沂公問之如前約
愈恐不復敢隱遂以實對公曰無他但愛
其文詞耳再三嘉奬徐曰已得旨别有措

置吏數日當有指揮自此遂有南班之授

近屬自初除小將軍凡七遷則爲節度使

遂爲定制諸宗子以千縑謝約約辭不敢

受余與刁親舊刁嘗出表稾以示余

大理法官皆親節案不得使吏人中書檢正

官不置吏人每房給楷書一人録淨而已

蓋欲士人躬親職事格吏姦兼歷試人才

也

太宗命劉方團毬帶賜二府文臣其後樞密

使兼侍中張耆王貽永皆特賜李用和曹

郡王皆以元舅賜近歲宣徽使王君貺以
者舊特賜皆出異數非例也近歲京師士
人朝服乗馬以黲衣蒙之謂之涼衫亦古
之遺法也儀禮朝服加景是也但不知古
人制度章色如何耳

內外制凡草制除官自給諫待制以上皆有
潤筆物　太宗時立潤筆錢數降詔刻石
于舍人院每除官則移文督之在院官下
至吏人院騶皆分霑元豐中改立官制內
外制皆有添給罷潤筆之物

唐制官序未至而以他官權攝者爲直官如許敬宗爲直記室是也　國朝學士舍人皆置直院熙寧中復置直舍人學士院但以資淺者爲之其實正官也熙寧六年舍人皆遷罷閣下無人乃以章子平權知制誥而不除直院者以其暫攝也古之兼官多是暫時攝領有長兼者即同正官余家藏海陵王墓誌謝朓文稱兼中書侍郎

三司開封府外州長官升廳事則有衙吏前導告喝　國朝之制在禁中唯三官得告

宰相告于中書翰林學士告于本院御史告于朝堂皆用朱衣吏謂之三告官所經過處闌吏以梃扣地警衆謂之打杖子兩府親王自殿門打至本司及上馬處宣徽使打于本院三司使知開封府打于本司近歲寺監長官亦打非故事前宰相赴朝亦有特旨許張蓋打杖子者繫臨時指揮執絲梢鞭入內自三司副使以上副使唯乘紫絲暖座從人隊長持破木梃自待制以上近歲寺監長官持藤杖非故事、[illegible]百

官儀範著令之外諸家所記尚有遺者雖

至猥細亦一時儀物也

國朝未改官制以前異姓未有兼中書令者

唯贈官方有之元豐中曹郡王以元舅特

除兼中書令下度支給俸有司言自來未

有活中書令請受則例

都堂及寺觀百官會集坐次多出臨時唐以

前故事皆不可考唯顏眞卿與左僕射定

襄郡王郭英乂書云宰相御史大夫兩省

五品供奉官自爲一行十二衛大將軍次

之三師三公令僕少師保傅尚書左丞
侍郎自爲一行九卿三監對之從古以來
未嘗參錯此亦略見當時故事今錄于此
以備闕文
賜功臣號始於唐德宗奉天之役自後藩鎮
下至從軍資深者例賜功臣　本朝唯以
賜將相熙寧中因上　皇帝尊號宰相率
同列面請三四　上終不允曰徽號正如
卿等功臣何補名實是時吳正憲爲首相
乃請止功臣號從之自是羣臣相繼請罷

遂不復賜

古迂陳氏家藏夢溪筆談卷二

一五

古迂陳氏家藏夢溪筆談卷三

沈括　存中述

辯證一

鈞石之石五權之名石重百二十斤後人以一斛爲一石自漢已如此飲酒一石不亂是也挽蹶弓弩古人以鈞石率之今人乃以粳米一斛之重爲一石凡石者以九十二斤半爲法乃漢秤三百四十一斤也今之武卒蹶弩有及九石者計其力乃古之二十五石比魏之武卒人當二人有餘弓

有挽三石者乃古之三十四鈞比顏高之弓人當五人有餘此皆近歲教養所成以至擊刺馳射皆盡夷夏之術器仗鎧胄極今古之工巧武備之盛前世未有其比

楚詞招魂尾句皆曰些（蘇箇反）今夔峽湖湘及南北江獠人凡禁呪句尾皆稱些此乃楚人舊俗即梵語薩嚩訶也（薩音桑葛反嚩无可反訶從去声）三字合言之即些字也

陽燧照物皆倒中間有礙故也筭家謂之格術如人搖艣臬為之礙故也若鳶飛空中

其影隨鳶而移或中間爲窻隙所束則影與鳶遂相違鳶東則影西鳶西則影東又如窻隙中樓塔之影中間爲窻所束亦皆倒垂與陽燧一也陽燧面窪以一指迫而照之則正漸遠則無所見過此遂倒其無所見處正如窻隙艣臬腰鼓礙之本末相格遂成搖艣之勢故舉手則影愈下下手則影愈上此其可見陽燧面窪向日照之光皆聚向內離鏡一二寸光聚爲一點大如麻菽著物則火發此則腰鼓最細處也豈特物爲然人亦如是中間不爲物礙者鮮矣小則

利害相易是非相反大則以己爲物以物爲己不求去礙而欲見不顛倒難矣哉酉陽雜俎謂海翻則塔影倒此妄説也影入窗隙則倒乃其常理

先儒以日食正陽之月止謂四月不然也正陽乃兩事正謂四月陽謂十月歲月陽止是也詩有正月繁霜十月之交朔月辛卯日有食之亦孔之醜二者此先王所惡也蓋四月純陽不欲爲陰所侵十月純陰不欲過而干陽也

余爲喪服後傳書成熙寧中欲重定五服敕

而余預討論雷鄭之學闕謬固多其間高祖遠孫一事尤爲無義喪服但有曾祖齊衰六月遠曾緦麻三月而無高祖遠孫服先儒皆以謂服同曾祖曾孫故不言可推而知或曰經之所不言則不服皆不然也曾重也由祖而上者皆曾祖也由孫而下者皆曾孫也雖百世可也苟有相逮者則必爲服喪三月故雖成王之於后稷亦稱曾孫而祭禮祝文無遠近皆曰曾孫禮所謂以五爲九者謂傍親之殺也上殺下殺

至于九傍殺至于四而皆謂之族族昆弟父母族祖父母族曾祖父母過此則非其族也非其族則為之無服唯正統不以族名則是無絕道也

舊傳黄陵二女尭子舜妃以二帝化道之盛始于閨房則二女當具任似之德考其年歲帝舜陟方之時二妃之齒巳百歲矣後人詩騷所賦皆以女子待之語多瀆慢皆禮義之罪人也

歷代宫室中有謻門葢取張衡東京賦謻門曲榭也説者謂冰室門按字訓謻别也東

京賦但言別門耳故以對曲榭非有定處也

水以漳名洛名者最多今略舉數處趙晉之閒有清漳濁漳當陽有漳水灨上有漳水鄣郡有漳江漳州有漳浦亳州有漳水安州有漳水洛中有洛水北地郡有洛水沙縣有洛水此槩舉一二耳其詳不能具載余考其義乃清濁相蹂者爲漳章者文也別也漳謂兩物相合有文章且可別也清漳濁漳合于上黨當陽即沮漳合流灨上

即漳漬合流漳州余未曾目見鄣郡即西
江合流亳漳則漳渦合流雲婁則漳鄖合
流此數處皆清濁合流色理如蝃蝀數十
里方混如璋亦從章璋王之左右之臣所
執詩云濟濟辟王左右趣之濟濟辟王左
右奉璋璋圭之半體也合之則成圭王左
右之臣合體一心趣乎王者也又諸侯以
聘女取其判合也有事于山川以其殺宗
廟禮之半也又牙璋以起軍旅先儒謂有
鉏牙之飾于剡側不然也牙璋判合之器

也當於合處爲牙如今之合契牙璋牡契
也以起軍旅則其牝宜在軍中卽虎符之
法也洛與落同義謂水自上而下有投流
處今淝水沱水天下亦多先儒皆自有解
解州鹽澤方百二十里久雨四山之水悉注
其中未甞溢大旱未甞涸滷色正赤在版
泉之下俚俗謂之蚩尤血唯中間有一泉
乃是甘泉得此水然後可以聚人其北有
堯梢瀦水一謂之巫咸河大滷之水不得
甘泉和之不能成鹽唯巫咸水入則鹽不

復結故人謂之無鹹河爲鹽澤之患築大
隄以防之甚於備寇盜原其理蓋巫咸乃
濁水入滷中則淤澱鹵脉鹽遂不成非有
他異也

莊子云程生馬甞觀文字注秦人謂豹曰程
余至延州人至今謂虎豹爲程蓋言蟲也
方言如此抑亦舊俗也

唐六典述五行有祿命驛馬湴河之目人多
不曉湴河之義余在鄜延見安南行營諸
將閱兵馬籍有稱過范河損失問其何謂

范河乃越人謂淖沙爲范河北人謂之活沙余嘗過無定河度活沙人馬履之百步之外皆動澒澒然如人行幕上其下足處雖甚堅若遇其一陷則人馬駝車應時皆没至有數百人平陷無子遺者或謂此即流沙也又謂沙隨風流謂之流沙湴字書亦作埿蒲濫反按古文埿深泥也術書有湴河者蓋謂陷運如今之空亡也

古人藏書辟蠹用芸芸香草也今人謂之七里香者是也葉類豌豆作小叢生其葉及

芬香秋間葉間微白如粉汚辟蠹殊驗南人採置席下能去蚤蝨余判昭文館時曾得數株於潞公家移植秘閣後今不復有存者香草之類大率多異名所謂蘭蓀蓀即今菖蒲是也蕙今零陵香是也茝今白芷是也

祭禮有腥爓熟三獻舊説以謂腥爓備大古中古之禮余以爲不然先王之於死者以之爲無知則不仁以之爲有知則不智薦可食之熟所以爲仁不可食之腥爓所以

爲智又一說腥𡢃以鬼道接之饋食以人道接之致疑也或謂鬼神嗜腥𡢃此雖出於異說聖人知鬼神之情狀或有此理未可致詰

世以玄爲淺黑色璊爲赭玉皆不然也玄乃赤黑色鷰羽是也故謂之玄鳥熙寧中京師貴人戚里多衣深紫色謂之黑紫與皁相亂幾不可分乃所謂玄也璊赭色也毳衣如璊[音門]稷之璊色者謂之穈[穈字音門以其色命之也詩有穈有芑今秦人音穈聲之訛也]穈色在朱黃之間似

乎赭極光瑩掬之粲澤熠熠如赤珠此自
是一色似赭非赭蓋所謂瑞色名也而從
玉以其赭而澤故以諭之也猶鸝以色名
而從鳥以鳥色諭之也
世間鍛鐵所謂鋼鐵者用柔鐵屈盤之乃以
生鐵陷其間泥封煉之鍛令相入謂之團
鋼亦謂之灌鋼此乃僞鋼耳暫假生鐵以
爲堅二三煉則生鐵自熟仍是柔鐵然而
天下莫以爲非者蓋未識眞鋼耳余出使
至磁州鍛坊觀煉鐵方識眞鋼凡鐵之有

鋼者如麪中有筋濯盡柔麪則麪筋乃見
煉鋼亦然但取精鐵鍛之百餘火每鍛稱
之一鍛一輕不累鍛而斤兩不減則純鋼
也雖百鍊不耗矣此乃鐵之精純者其色
清明磨瑩之則黯黯然青且黑與常鐵迥
異亦有煉之至盡而全無鋼者皆繫地之
所產

詩芄蘭之支童子佩觿觿解結錐也芄蘭生
莢支出於葉間垂之正如解結錐所謂佩
韘者疑古人為韘之制亦當與芄蘭之葉

栢似但今不復見耳

江南有小栗謂之茅栗以余觀之此正所謂芧也則莊子所謂狙公賦芧者（芧音序）此文相近之誤也（芧音草茅之茅）

余家有閻博陵畫唐秦府十八學士各有眞贊亦唐人書多與舊史不同姚柬字思廉舊史姚思廉字簡之蘇臺陸元明薛莊唐書皆以字爲名李元道蓋文達于志寧許敬宗劉孝孫蔡允恭唐書皆不書字房眞齡字喬年唐書乃房喬字眞齡孔頴達字

穎達唐書字仲達蘇典籤名從日從九唐書乃從日從助許敬宗薛莊官皆直記室唐書乃攝記室蓋唐書成于後人之手所傳容有訛謬此乃當時所記也以舊史考之魏鄭公對太宗云目如懸鈴者佳則眞齡果名非字也然蘇世長太宗召對眞武門問云卿何名長意短後乃爲學士似爲學士時方更名耳

唐正觀中敕下度支求杜若省郎以謝朓詩云芳洲採杜若乃責坊州貢之當時以爲

嗤笑至如唐故事中書省中植紫薇花何異坊州貢杜若然歷世循之不以爲非至令舍人院紫微閣前植紫薇花用唐故事也

漢人有飲酒一石不亂余以志酒法較之每麄米二斛釀成酒六斛六斗今酒之至醨者每秫一斛不過成酒一斛五斗若如漢法則粗有酒氣而已能飲者飲多不亂宜無足怪然漢之一斛亦是今之二斗七升人之腹中亦何容置二斗七升水邪或謂

石乃鈞石之石百二十斤以今秤計之當三十二斤亦今之三斗酒也于定國食酒數石不亂疑無此理

古說濟水伏流地中今歷下凡發地皆是流水世傳濟水經過其下東阿亦濟水所經取井水煮膠謂之阿膠用攪濁水則清人服之下膈疏痰止吐皆取濟水性趨下清而重故以治淤濁及逆上之疾今醫方不載此意

余見人爲文章多言前榮榮者夏屋東西序

之外屋翼也謂之東榮西榮四注屋則謂之東霤西霤未知前榮安在

宗廟之祭西向者室中之祭也藏主于西壁以其生者之處奥也即主祏而求之所以西向而祭至三獻則尸出于室坐于戶西南面此堂上之祭也戶西謂之扆設扆于此左戶右牖戶牖之間謂之扆坐于戶西即當扆而坐也上堂設位而亦東向者設用室中之禮也

人而不爲周南召南其猶正墻面而立也周南召南樂名也胥鼓以雅以南是也關雎

鵲巢二南之詩而已有樂有舞焉學者之事其始也學周南召南末至于舞大夏大武所謂爲周南召南者不獨誦其詩而已

莊子言野馬也塵埃也乃是兩物古人即謂野馬爲塵埃如吴融云動梁間之野馬又韓偓云窻裏日光飛野馬皆以塵爲野馬恐不然也野馬乃田野間浮氣耳遠望如羣羊又如水波佛書謂如熱時野馬陽焰即此物也

蒲蘆說者以爲蜾蠃疑不然蒲蘆即蒲葦耳

故曰人道敏政地道敏藝夫政猶蒲盧也人之爲政猶地之藝蒲葦遂之而已亦行其所無事也

余考樂律及受詔改鑄渾儀求秦漢以前度量斗升計六斗當今一斗七升九合秤三斤當今十三兩一斤當今四兩三分兩之一一兩當今六銖半爲升中方古尺二寸五分十分分之三今尺一寸八分百分分之四十五强

十神太一一曰太一次曰五福太一三曰天一太一四曰地太一五曰君基太一六曰

臣基太一七曰民基太一八曰大遊太一
九曰九氣太一十曰十神太一唯太一最
尊更無別名止謂之太一三年一移後人
以其別無名遂對大遊而謂之小遊太一
此出於後人誤加之京師東西太一宮正
殿祠五福而太一乃在廊廡甚爲失序熙
寧中初營中太一宮下太史考定神位余
時領太史預其議論今前殿祠五福而太
一別爲後殿各全其尊深爲得禮然君基
臣基民基避唐明帝諱改爲棊至今仍襲

舊名未曾改正

余嘉祐中客宣州寧國縣縣人有方璵者其高祖方虔爲楊行密守將總兵戍寧國以備两浙虔後爲吴人所擒其子從訓代守寧國故子孫至今爲寧國人璵有楊溥與方虔方從訓手教數十紙紙扎皆精善教稱委曲書押處稱使或稱吴王内一紙報方虔云錢鏐此月内已亡殁紙尾書正月二十九日按五代史錢鏐以後唐長興二年卒楊溥天成四年已僭即僞位豈得長

興二年尚稱吴王溥手教所指揮事甚詳

翰墨印記極有次序悉是當時親跡今按

天成四年歲庚寅長興二年歲壬辰計差

二年溥手教余得其四紙至今家藏

古迂陳氏家藏夢溪筆談卷三

古迂陳氏家藏夢溪筆談卷四

沈括存中述

辯證二

司馬相如上林賦敘上林諸水曰丹水紫淵灞滻涇渭八川分流相背而異態灝溔潢漾東注太湖八川自入大河大河去太湖數千里中間隔太山及淮濟大江何緣與太湖相涉郭璞江賦云注五湖以漫漭灌三江而濈沛墨子曰禹治天下南爲江漢淮汝東流注之五湖孔安國曰自彭蠡江

分爲三入于震澤後爲北江而入于海此皆未嘗詳考地理江漢至五湖自隔山其末乃遶出五湖之下流徑入于海何緣入于五湖淮汝徑自徐州入海全無交涉禹貢云彭蠡既豬陽鳥攸居三江既入震澤底定以對文言則彭蠡水之所豬三江水之所入非入于震澤也震澤上源皆山環之了無大川震澤之委乃多大川亦莫知孰爲三江者蓋三江之水無所入則震澤壅而爲害三江之水有所入然後震澤底

定此水之理也

海州東海縣西北有二古墓圖誌謂之黄兒墓有一石碑巳漫滅不可讀莫知黄兒者何人石延年通判海州因行縣見之曰漢二疏東海人此必其墓也遂謂之二疏墓刻碑于其傍後人又收入圖經余按疏廣東海蘭陵人蘭陵今屬沂州承縣今東海縣乃漢之贑榆自屬琅琊郡非古之東海也今承縣東四十里自有疏廣墓其東又二里有疏受墓延年不講地誌但見今謂

之東海縣遂以二疎名之極爲乖誤大凡地名如此者至多無足紀者此乃余初仕爲沭陽主簿日始見圖經中增此事後世不知其因往往以爲實録謾誌于此以見天下地書皆不可堅信其北又有孝女塚廟貌甚盛著在祀典孝女亦東海人贛榆既非東海故境則孝女塚廟亦後人附會縣名爲之耳

楊文公談苑記江南後主患清暑閣前草生徐鍇令以桂屑布甎縫中宿草盡死謂呂

氏春秋云桂枝之下無雜木蓋桂枝味辛
螫故也然桂之殺草木自是其性不爲辛
螫也雷公炮炙論云以桂爲丁以釘木中
其木即死一丁至微未必能螫大木自其
性相制耳
天下地名錯亂乖謬率難考信如楚章華臺
亳州城父縣陳州商水縣荆州江陵長林
監利縣皆有之乾谿亦有數處據左傳楚
靈王七年成章華之臺與諸侯落之杜預
注章華臺在華容城中華容即今之監利

縣非岳州之華容也至今有章華故臺在縣郭中與杜預之說相符亳州城父縣有乾谿其側亦有章華臺故臺基下往往得人骨云楚靈王戰死于此商水縣章華之側亦有乾谿薛綜注張衡東京賦引左氏傳乃云楚子成章華之臺于乾谿皆誤說也左傳實無此文章華與乾谿元非一處楚靈王十二年王狩于州來使蕩侯潘子司馬督囂尹午陵尹喜帥師圍徐以懼吳王次于乾谿此則城父之乾谿靈王八年

許遷于吳者乃此地十三年公子比爲亂
使觀從從師于乾谿王衆潰靈王亡不知
所在平王即位殺囚衣之王服而流諸漢
乃取葬之以靖國人而赴以乾谿靈王實
縊于芋尹申亥氏他年申亥以王柩告乃
改葬之而非死于乾谿也昭王二十七年
吳伐陳王師師救陳次于城父將戰王卒
于城父而春秋又云弒其君于乾谿則後
世謂靈王實死于是理不足怪也
令人守郡謂之建麾蓋用顔延年詩一麾乃

出守此誤也延延年謂一麾者乃指麾之麾如武王右秉白旄以麾之麾非旌麾之麾也延年阮始平詩云屢薦不入官一麾乃出守者謂山濤薦咸爲吏部郎三上武帝不用後爲荀勖一擠遂出始平故有此句延年被擯以此自託耳自杜牧爲登樂遊原詩云擬把一麾江海去樂遊原上望昭陵始謬用一麾自此遂爲故事

除拜官職謂除其舊籍不然也除猶易也以新易舊曰除如新舊歲之交謂之歲除易

除戎器戒不虞以新易弊所以備不虞也

皆謂之除者自下而上亦更易之義

世人畫韓退之小面而美髯著紗帽此乃江

南韓熙載耳尚有當時所畫題誌甚明熙

載謚文靖江南人謂之韓文公因此遂謬

以爲退之退之肥而寡髯元豐中以退之

從享文宣王廟郡縣所畫皆是熙載後世

不復可辯退之遂爲熙載矣

今之數錢百錢謂之陌者借陌字用之其實

只是百字如什與伍耳唐自皇甫鎛爲墊

錢法至昭宗末乃定八十爲百漢隱帝時
三司使王章每出官錢又減三錢以七十
七爲百輸官仍用八十至今輸官錢有用
八十陌者唐書開元錢重二銖四參今蜀
郡亦以十參爲一銖參吾古之絫字恐相
傳之誤耳
前史稱嚴武爲劒南節度使放肆不法李白
爲之作蜀道難按孟棨所記白初至京師
賀知章聞其名首詣之白出蜀道難讀未
畢稱嘆數四時乃天寶初也此時白已作

蜀道難嚴武爲劒南乃在至德以後肅宗
時年代甚遠蓋小說所記各得於一時見
聞本末不相知率多舛誤皆此文之類李
白集中稱刺章仇兼瓊與唐書所載不同
此唐書誤也

舊尚書禹貢云雲夢土作乂太宗皇帝時得
古本尚書作雲土夢作乂詔改禹貢從古
本余按孔安國註雲夢之澤在江南不然
也據左傳吴人入郢楚子涉睢濟江入于
雲中王寢盜攻之以戈擊王王奔鄖楚子

自郢西走涉睢則當出于江南其後涉江入于雲中遂奔鄖鄖則今之安州涉江而後至雲入雲然後至鄖則雲在江北也左傳曰鄭伯如楚王以田江南之夢杜預註云楚之雲夢跨江南北曰江南之夢則雲在江北明矣元豐中余自隨州道安陸入于漢口有景陵主簿郭思者能言漢沔閒地理亦以謂江南爲夢江北爲雲余以左傳驗之思之說信然江南則今之公安石首建寧等縣江北則玉沙監利景陵等縣

乃水之所委其地最下江南二浙水出稍
高方土而夢巳作乂矣此古今之爲允

古迂陳氏家藏夢溪筆談卷四

古迂陳氏家藏夢溪筆談卷五

沈　括　存中述

樂律一

周禮凡樂圜鐘爲宮黄鐘爲角大蔟爲徵姑洗爲羽若樂六變則天神皆降可得而禮矣函鐘爲宮大蔟爲角姑洗爲徵南呂爲羽若樂八變即地祇皆出可得而禮矣黄鐘爲宮大呂爲角大蔟爲徵應鐘爲羽若樂九變則人鬼可得而禮矣凡聲之高下列爲五等以宮商角徵羽名之爲之主者

曰宮次二曰商次三曰角次四曰徵次五
曰羽此謂之序名可易序不可易圜鍾爲
宮則黄鍾乃第五羽聲也今則謂之角雖
謂之角名則易矣其實第五之聲安能變
哉强謂之角而已先王爲樂之意蓋不如
是也世之樂異乎郊廟之樂者如圜鍾爲
宮則林鍾角聲也樂有用林鍾者則變而
用黄鍾此祀天神之音云耳非謂能易羽
以爲角也函鍾爲宮則太蔟徵聲也樂有
用太蔟者則變而用姑洗此求地祇之音

云耳非謂能易羽以爲徵也黃鍾爲宮則南呂羽聲也樂有用南呂者則變而用應鍾此求人鬼之音云耳非謂能變均外閒聲以爲羽也應鍾黃鍾宮之變徵文武之世不用二變声所以在均外鬼神之情當以類求之朱絃越席太羹明酒所以交於冥莫者異乎養道此所以變其律也聲之不用商先儒以謂惡殺聲也黃鍾之太蔟函鍾之南呂皆商也是殺聲未嘗不用也所以不用商者商中聲也宮生徵徵生商商生羽羽生角角故商爲中声降興上下之神虛其

中聲人聲也遺乎人聲所以致一于鬼神
也宗廟之樂宮爲之先其次角又次徵又
次羽宮角徵羽相次者人樂之敘也故以
之求人鬼世樂之敘宮商角徵羽此但無商耳其餘悉用此人樂之敘也
何以知宮爲先其次角又次徵又次羽以律呂次敘知之也黃鍾最長大呂次長大
蔟又次應鍾最短此其敘也圓丘方澤之樂皆以角爲
先其次徵又次宮又次羽始于角木木生
火火生土土生水越金不用商也木火土水相次
者天地之敘故以之禮天地五行之敘木生火火生土
土生金金生水此但不用金耳其餘悉用此敘天地之敘也何以知其角爲先其次

徵又次宮又自羽以律呂次敘知之也黃鍾最長太簇次長圜鍾又次姑洗又次函鍾又次南呂最短此其敘也此四音之敘也天之氣始于子故先以黃鍾天之功畢于三月故終之以姑洗地之功見于正月故先之以太蔟畢于八月故終之以南呂幽陰之氣鍾於北方人之所終歸鬼之所藏也故先之以黃鍾終之以應鍾此三樂之始終也角者物生之始也徵者物之成羽者物之終天之氣始於十一月至于正月萬物萌動地功見處則天功之成也故地以太蔟爲

角天以大蔟爲徵三月萬物悉達天功畢

處則地功之成也故天以姑洗爲羽地以

姑洗爲徵八月生物盡成地之功終焉故

南呂以爲羽圜丘樂雖以圜鍾爲宮而曰乃奏黄鍾以祀天神方澤樂曰雖以函鍾爲宮而曰乃奏太蔟以祭地祇蓋圜丘之樂始于黄鍾方澤之樂始于太蔟也天地之樂止是世樂黄鍾一均耳以此黄鍾一均分爲天地二樂黄鍾之均黄鍾爲宮太蔟爲商姑洗爲角林鍾爲方澤樂而巳南圜鍾一律不在均内天功畢于三月則宮聲自合在徵之後羽之前正當用夾鍾也二樂何以專用黄鍾一均蓋黄鍾正均也樂之全躰非十一均之類也故漢志自黄鍾爲宮則皆以正聲應無有忽微他律雖當其月爲宮則和應之律有空積忽微不得其正其均起十一月終于八

月統一歲之事也他均則各主一月而已古樂有下徵調沈休文宋書曰下徵調法黃鍾爲宮南呂爲商林鍾本正聲黃鍾之下徵变謂之下徵調馬融長笛賦曰反商下徵每各異善謂南呂本黃鍾之羽变爲下徵之商皆以黃鍾爲主而已

此天地相與之敘也人鬼始于正北成于東北終于西北萃于幽陰之地也始于十一月而成于正月者幽陰之鬼稍出于東方也全處幽陰則不與人接稍出于東方故人鬼可得而禮也終則復歸于幽陰復其常也唯羽聲獨遠於他均者世樂始於十一月終於八月者天地歲事之一終也鬼道

無窮非若歲事之有卒故盡十二律然後
終事先追遠之道厚之至也此廟樂之始
終也人鬼盡十二律爲義則始于黄鍾終
于應鍾以宫商角徵羽爲敘則始于宫聲
自當以黄鍾爲宫也天神始于黄鍾終于
姑洗以木火土金水爲敘則宫聲當在太
蔟徵之後姑洗羽之前則自當以圜鍾爲
宫也地祇始于太蔟終于南吕以木火土
金水爲敘則宫聲當在姑洗徵之後南吕
羽之前中間唯函鍾當均自當以函鍾爲

宮也天神用圜鍾之後姑洗之前唯有一律自然合用也不曰夾鍾而曰圜鍾者以天躰言之也不曰林鍾而曰函鍾若以地道言之也黄鍾無異名人道也此三律爲宮次敘定理非可以意鑿也圜鍾六變函鍾八變黄鍾九變同會于卯卯者昏明之交所以交上下通幽明合人神故天神地祇人鬼可得而禮也自辰以往常在晝自寅以來常在夜故卯爲昏明之交當其中間晝夜夾之故謂之夾鍾黄鍾一變爲林鍾再變爲太蔟三變南呂四變姑洗五變應鍾六變蕤賓七變大呂八變夷則九變夾鍾函鍾一變爲太蔟再變爲南呂三變姑洗四變應鍾五變蕤賓六變太呂七變夷則八變夾鍾也圜鍾一變爲無射再變爲中呂三變爲黄鍾清宮四變亦台至林鍾林鍾

無清宮至太蔟清宮爲四變五變合至南呂南呂無清宮直至太呂清宮爲五變六變合至夷則夷則無清宮直至夾鍾清宮爲六變也十二律黃鍾太呂太蔟夾鍾四律有清宮摠謂之十六律自姑洗至此皆應鍾八律皆無清宮但奧位而已

天理不可易者古人以爲難知盖不深索之聽其聲求其義考其序無毫髮可移此所謂天理也一者人鬼以宮商角徵羽爲序者二者天神三者地祇皆以木火土金水爲序者四者以黃鍾一均分爲天地二樂者五者六變八變九變皆會于夾鍾者

六呂三曰鍾三曰呂太呂中呂南呂夾鍾林鍾應鍾鍾與呂

常相間常相對六呂之間復自有陰陽也
納音之法申子辰巳酉丑爲陽紀寅午戌
亥卯未爲陰紀亥卯未曰夾鍾林鍾應鍾
陽中之陰也黄鍾者陽之所鍾也夾鍾林
鍾應鍾陰之所鍾也故皆謂之鍾巳酉丑
太呂中呂南呂陰中之陽也呂助也能時
出而助陽也故皆謂之呂

漢志陰陽相生自黄鍾始而左旋八八爲伍
八八爲伍者謂一上生與一下生相間如
此則自太呂以後律數皆差須自蕤賓再

上生方得本數此八八為伍之誤也或曰律無上生呂之理但當下生而用濁倍二說皆通然至甤賓清宮生太呂清宮又當再上生如此時上時下即非自然之數不免牵合矣自子至巳為陽律陽呂自午至亥為陰律陰呂凡陽律陽呂皆下生陰律陰呂皆上生故巳方之律謂之中呂言陰陽至此而中也（中呂當讀如本字作仲非也）至午則謂之甤賓陽常為主陰常為賓甤賓者陽至此而為賓也納音之法自黄鍾相生至于

中呂而中謂之陽紀自蕤賓相生至于應鍾而終謂之陰紀盖中呂爲陰陽之中子午爲陰陽之分也

漢志言數曰太極元氣函三爲一極中也元始也行於十二辰始動於子參之於丑得三又參之於寅得九又參之於卯得二十七歷十二辰得十七萬七千一百四十七此陰陽合德氣鍾於子化生萬物者也殊不知此乃求律呂長短體筭立成法耳別有何義爲史者但見其數浩愽莫測所用

乃曰此陰陽合德化生萬物者也甞有人於土中得一朽弊擣帛杵不識持歸以示鄰里大小聚觀莫不怪愕不知何物後有一書生過見之曰此靈物也吾聞防風氏身長三丈骨節專車此防風氏脛骨也鄉人皆喜築廟祭之謂之脛廟班固此論亦近乎脛廟也

吾聞羯鼓録序羯鼓之聲云透空碎遠極異衆樂唐羯鼓曲今唯有邠州一父老能之有大合蟬滴滴泉之曲余在鄜延時尚聞

其聲涇原承受公事楊元孫因奏事回有旨令召此人赴闕元孫至邠而其人已死羯鼓遺音遂絶今樂部中所有但名存而已透空碎遠了無餘迹唐明帝與李龜年論羯鼓云杖之弊者四櫃用力如此其爲藝可知也

唐之杖鼓本謂之兩杖鼓兩頭皆用杖今之杖鼓一頭以手拊之則唐之漢震第二鼓也明帝宋開府皆善此鼓其曲多獨奏如鼓笛曲是也今時杖鼓常時只是打拍鮮

有專門獨奏之妙古曲悉皆散亡頃年王
師南征得黃帝炎一曲于交趾乃杖鼓曲
也（炎或作鹽）唐曲有突厥鹽阿鵲鹽施肩吾詩
云顛狂楚客歌成雪媚賴吳娘笑是鹽蓋
當時語也今杖鼓譜中有炎杖聲元稹連
昌宮詞有逡巡大遍涼州徹所謂大遍者
有序引歌𣯀嗺哨催攧袞破行中腔踏歌
之類凡數十解每解有數疊者裁截用之
則謂之摘遍今人大曲皆是裁用悉非大
遍也

八

鼓吹部有拱辰管即古之乂手管也太宗皇
帝賜今名
邊兵每得勝回則連隊抗聲凱歌乃古之遺
音也凱歌詞甚多皆市井鄙俚之語余在
鄜延時製數十曲令士卒歌之今粗記得
數篇其一先取山西十二州別分子將打
衙頭回看秦塞低如馬漸見黄河直北流
其二天威卷地過黄河萬里羌人盡漢歌
莫堰横山倒流水從教西去作恩波其三
馬尾胡琴隨漢車曲聲猶自怨單于彎弓

莫射雲中鴈歸鴈如今不記書其四旗隊
渾如錦繡堆銀裝背嵬打回回先敎淨掃
安西路待向河源飮馬來其五靈武西涼
不用圍蕃家總待納王師城中半是關西
種猶有當時軋吃(根勿反)兒

柘枝舊曲遍數極多如羯鼓録所謂渾脫解
之類今無復此遍寇萊公好柘枝舞會客
必舞柘枝每舞必盡日時謂之柘枝顛今
鳳翔有一老尼猶是萊公時柘枝妓云當
時柘枝尚有數十遍今日所舞柘枝比當

時十不得二三老尼尚能歌其曲好事者
往往傳之古之善歌者有語謂當使聲中
無字字中有聲凡曲止是一聲清濁高下
如縈縷耳字則有喉脣齒舌等音不同當
使字字舉本皆輕圓悉融入聲中令轉換
處無磊磈此謂聲中無字古人謂之如貫
珠今謂之善過度是也如宮聲字而曲合
用商聲則能轉宮爲商歌之此字中有聲
也善歌者謂之內裏聲不善歌者聲無抑
揚謂之念曲聲無含韞謂之叫曲

五音宮商角爲從聲徵羽爲變聲從謂律從律呂從呂變謂以律從呂以呂從律故從聲以配君臣民尊卑有定不可相踰聲以爲事物則或遇於君聲無嫌六律爲君聲則商角皆以律應徵羽以呂應六呂爲君聲則商角皆以呂應徵羽以律應加變徵則從變之聲已瀆矣隋柱國鄭譯始條具之均展轉相生爲八十四調清濁混淆紛乱無統競爲新聲自後又有犯聲側聲正殺寄殺偏字傍字雙字半字之法從變之聲無復條理矣外國之聲前世自別爲四夷

樂自唐天寶十三載始詔法曲與胡部合奏自此樂奏全失古法以先王之樂爲雅樂前世新聲爲清樂合胡部者爲宴樂古詩皆詠之然後以聲依詠以成曲謂之協律其志安和則以安和之聲詠之其志怨思則以怨思之聲詠之故治世之音安以樂則詩與志聲與曲莫不安且樂亂世之音怨以怒則詩與志聲與曲莫不怨且怒此所以審音而知政也詩之外又有和聲則所謂曲也古樂府皆有聲有詞連屬書

之如曰賀賀賀何何何之類皆和聲也今
管絃之中纏聲亦其遺法也唐人乃以詞
塡入曲中不復用和聲此格雖云自王涯
始然正元元和之間爲之者已多亦有在
涯之前者又小曲有咸陽沽酒寶釵空之
句云是李白所製然李白集中有淸平樂
詞四首獨只是詩而花間集所載咸陽沽
酒寶釵空乃云是張泌所爲莫知孰是也
今聲詞相從唯里巷閒歌謡及陽關擣練
之類稍類舊俗然唐人塡曲多詠其曲名

所以哀樂與聲尚相諧會今人則不復知有聲矣哀聲而歌樂詞樂聲而歌怨詞故語雖切而不能感動人情由聲與意不相諧故也

古樂有三調聲謂清調平調側調也王建詩云側商調裏唱伊州是也今樂部中有三調樂品皆短小其聲噍殺唯道調小石法曲用之雖謂之三調樂皆不復辨清平側聲但比他樂特爲煩數耳唐獨異志云唐承隋乱樂虡散亡獨無徵音李嗣眞密求

得之聞弩營中砧聲求得喪車一鐸入振之於東南隅果有應者掘之得石一段裁爲四具以補樂虡之闕此妄也聲在短長厚薄之閒故考工記磬氏爲磬已上則磨其旁已下則磨其端磨其毫末則聲隨而變豈有帛砧裁琢爲磬而尚存故聲哉兼古樂宮商無定聲隨律命之迭爲宮徵嗣真必嘗爲新磬好事者遂附益爲之說既云裁爲四具則是不獨補徵聲也

國史纂異云潤州曾得玉磬十二以獻張率

更叩其一曰晉某歲所造也是歲閏月造
磬者法月數當有十三宜於黃鍾東九尺
掘必得焉從之果如其言此妄也法月律
爲磬當依節氣閏月自在其間閏月無中
氣豈當月律此憯然者爲之也扣其一安
知其是晉某年所造既淪陷在地中豈暇
復按方隅尺寸埋之此欺誕之甚也
霓裳羽衣曲劉禹錫詩云三鄉陌上望仙山
歸作霓裳羽衣曲又王建詩云聽風聽水
作霓裳白樂天詩註云開元中西涼府節

度使楊敬述造鄭愚津陽門詩註云葉法
善嘗引上入月宮聞仙樂及上歸但記其
半遂於笛中寫之會西涼府都督楊敬述
進婆羅門曲與其聲調相符遂以月中所
聞爲散序用敬術所進爲其腔而名霓裳
羽衣曲諸說各不同今蒲中逍遥樓楣上
有唐人横書類梵字相傳是霓裳譜字訓
不通莫知是非或謂今燕部有獻仙音曲
乃其遺聲然霓裳本謂之道調法曲今獻
仙音乃小石調耳未知孰是

虞書曰戛擊鳴球搏拊琴瑟以詠祖考來格鳴球非可以戛和之至詠之不足有時而至于戛且擊琴瑟非可以搏拊和之至詠之不足有時而至于搏且拊所謂手之舞之足之蹈之而不自知其然和之至則宜祖考之來格也和之生於心其可見者如此後之爲樂者文備而實不足師之志主於中節奏諧聲律而已古之樂師皆於通天下之志故其哀樂成於心然後宜於聲則必有形容以表之故樂有志聲有容其

所感人深者不獨出於器而已

新五代史書唐昭宗幸華州登齊雲樓西北顧望京師作菩薩蠻辭三章其卒章曰野煙生碧樹陌上行人去安得有英雄迎歸大內中今此辭墨本猶在陜州一佛寺中紙札甚草草余頃年過陜曾一見之後人題跋多盈巨軸矣

世稱善歌者皆曰郢人郢州至今有白雪樓此乃因宋玉問曰客有歌於郢中者其始曰下里巴人次爲陽阿薤露又爲陽春白

雪引商刻羽雜以流徵遂謂郢人善歌殊
不考其義其曰客有歌於郢中者則歌者
非郢人也其曰下里巴人國中屬而和者
數千人陽阿薤露和者數百人陽春白雪
和者不過數十人引商刻羽雜以流徵則
和者不過數人而已以楚之故都人物猥
盛而和者止於數人則爲不知歌甚矣故
玉以此自况陽春白雪皆郢人所不能也
以其所不能者明其俗豈非大誤也襄陽
耆舊傳雖云楚有善歌者歌陽菱白露朝

曰魚麗和之者不過數人復無陽春白雪之名又今郢州本謂之北郢亦非古之楚都或曰楚都在今宜城界中有故墟尚在亦不然也此鄢也非郢也據左傳楚成王使鬬宜申爲商公沿漢泝江將入郢王在渚宫下見之沿漢至于夏口然後泝江則郢當在江上不在漢上也又在渚宫下見之則渚宫蓋在郢也楚始都丹陽在今枝江文王遷郢昭王遷鄀皆在今江陵境中杜預註左傳云楚國今南郡江陵縣北紀

南城也謝靈運鄴中集詩云南登宛郢城
今江陵北十二里有紀南城即古之郢都
也又謂之南郢

六十甲子有納音鮮原其意蓋六十律旋相
爲宫法也一律含五音十二律納六十音
也凡氣始於東方而右行音起於西方而
左行陰陽相錯而生變化所謂氣始於東
方者四時始於木右行傳于火火傳于土
土傳于金金傳于水所謂音始於西方者
五音始于金左旋傳于火火傳于木木傳

于水水傳于土（納音與易納甲同法乾納甲而坤納癸始於乾而終於坤納音始於金金乾也終於土土坤也）納音之法同類娶妻

隔八生子（此漢志語也）此律呂相生之法也五

行先仲而後孟孟而後季此遁甲三元之

紀也甲子金之仲（黄鍾之商）同位娶乙丑（太呂之商）

（同位謂甲與乙丙與丁之類下皆倣此）隔八下生壬申金之

孟（夷則之商隔八謂八呂下生夷則也下皆倣此）壬申同位娶癸

酉（南呂之商）隔八上生庚辰金之季（姑洗之商此金三元）

（終若只以陽辰言之則依遁甲逆傳仲孟季若兼妻言之則順傳孟仲季也）庚

辰同位娶辛巳（中呂之商）隔八下生戊子火之

仲黃鍾之徵金三元終則左行傳南火也戊子娶己丑太呂之徵生丙申火之孟夷則之徵丙申娶丁酉南呂之徵生甲辰火之季姑洗之徵甲辰娶乙巳中呂之徵生壬子木之仲黃鍾之角火三元終則左行傳于東方木如是左行至于丁巳中呂之宮五音一終復自甲午金之仲娶乙未隔八生壬寅一如甲子之法終于癸亥謂蕤賓娶林鍾上生太蔟之類至于巳爲陽故自黃鍾至于中呂皆下生自午至爲亥、爲陰故自林鍾至于應鍾皆上生弓於樂論敘之甚詳此不復紀甲子乙丑金與甲午乙未金雖同然

甲子乙丑爲陽律陽律皆下生甲午乙未爲陽吕陽吕皆上生六十律相反所以分爲一紀也

今太常鍾鑄皆於甬本爲紐謂之旋蟲側垂之皇祐中杭州西湖側發地得一古鍾匾而短其枚長幾半寸大略制度如鳧氏所載唯甬乃中空甬半以上差小所謂衡者予細考其制亦似有義甬所以中空者疑鍾縻自其中垂下當衡甬之間以横括挂之横括疑所謂旋蟲也今考其名竹筩之筩文從竹從甬則甬僅乎空甬半以上織

小者所以礙横括以其横括所在也則有衡之義也其横括之形以蟲而可旋疑所謂旋蟲以今之鍾鑄校之此衡甬中空則猶小於甬者乃欲礙横括似有所因彼衡甬俱實則衡小於甬似無所因又以其括之横於其中也則宜有衡義實甬直上植之而謂之衡者何義又横括以其可旋而有蟲形或可謂之旋蟲今鍾則實其紐不動何緣得旋名若以側垂之其鍾可以掉蕩旋轉則鍾常不定擊者安能常當其燧

此皆可疑未知孰是其鍾今尚在錢塘寻
羣從家藏之
海州士人李愼言嘗夢至一處水殿中觀宫
女戲毬山陽蔡繩爲之傳敘其事甚詳有
拋毬曲十餘闋詞皆清麗今獨記兩闋侍
燕黄昏曉未休玉堦夜色月如流朝來自
覺承恩醉笑倩傍人認繡毬堪恨隋家幾
帝王舞裀揉盡繡鴛鴦如今重到拋毬處
不是金爐舊日香
盧氏雜説韓臯謂嵇康琴曲有廣陵散者以

王陵毋丘儉輩皆自廣陵敗散言魏散亡
自廣陵始故名其曲曰廣陵散以余考之
散自是曲名如操弄摻淡序引之類故潘
岳笙賦輟張女之哀彈流廣陵之名散又
應璩與劉孔才書云聽廣陵之清散知散
爲曲名明矣或者康借此名以諫諷時事
散取曲名廣陵乃其所命相附爲義耳
馬融笛賦云裁以當邁便易持李善註謂邁
馬策也裁笛以當馬邁故便易持此謬說
也笛安可爲馬策邁管也古人謂樂之管

爲邁故潘岳笙賦云脩邁內辟餘簫外逶

裁以當邁者餘器多裁衆邁以成音此笛

但裁一邁五音皆具當邁之工不假繁猥

所以便而易持也

笛有雅笛有羌笛其形制所始舊說皆不同

周禮笙師掌教篪遂或云漢武帝時丘仲

始作笛又云起於羌人後漢馬融所賦長

笛空洞無底剡其上孔五孔一孔出其背

正似今之尺八李善爲之註云七孔長一

尺四寸此乃今之横笛耳太常鼓吹部中

謂之橫吹非融之所賦者融賦云易京君明識音律故本四孔加以一君明所加孔後出是謂商聲五音畢沈約宋書亦云京房備其五音周禮笙師註杜子春云篴乃今時所吹五行竹篴以融約所記論之則古篴不應有五孔則子春之說亦未爲然今三禮圖畫篴亦橫設而有五孔又不知出何典據

琴雖用桐然須多年木性都盡聲始發越予曾見唐初路氏琴木皆枯朽殆不勝指而

其聲愈清又常見越人陶道眞畜一張越琴傳云古塚中敗棺杉木也聲極勁挺吴僧智和有一琴瑟徽碧紋石爲軫制度音韻皆臻妙腹有李陽冰篆數十字其略云南溟島上得一木名伽陀羅紋如銀屑其堅如石命工斲爲此琴篆文甚古勁琴材欲輕鬆脆滑謂之四善木堅如石可以製琴亦所未諭也投荒録云瓊管多烏㵎呿陀皆奇木疑陀羅即呿陀也

高郵人桑景舒性知音聽百物之聲悉能占

其灾福尤善樂律舊傳有虞美人草聞人
作虞美人曲則枝葉皆動他曲不然景舒
試之誠如所傳乃詳其曲聲曰皆吳音也
他日取琴試用吳音製一曲對草鼓之枝
葉亦動乃謂之虞美人操其聲調與虞美
人曲全不相近始末無一聲相似者而草
輒應之與虞美人曲無異者律法同管也
其知著臻妙如此景舒進士及第終於洲
縣官今虞美人操盛行於江吳間人亦莫
知其如何爲吳音

古迂陳氏家藏夢溪筆談卷六

沈　括　存中述

樂律二

前世遺事時有於古人文章中見之元稹詩有琵琶宮調八十一三調絃中彈不出琵琶共有八十四調蓋十二律各七均乃成八十四調稹詩言八十一調人多不喻所謂余於金陵丞相家得唐賀懷智琵琶譜一冊其序云琵琶八十四調內黄鍾太簇林鍾宮聲絃中彈不出須管色定絃其餘

八十一調皆以此三調爲準更不用管色定絃始喻積詩言如今之調琴須先用管色合字定宮絃乃以宮絃下生徵徵絃商上上下相生終於少商凡下生者隔二絃上生者隔一絃取之凡絃聲皆當如此古人仍須以金石爲準商頌依我磬聲是也今人苟簡不復以絃管定聲故其高下無準出於臨時懷智琵琶譜調格與今樂全不同唐人樂學精深尚有雅律遺法今之燕樂古聲多亡而新聲大率皆無法度樂

工自不能言其義如何得其聲和

今教坊燕樂比律高二均弱合字比太蔟微

下却以凡字當宫聲比宫之清宫微高外

方樂尤無法求體又高教坊一均以來唯

北狄樂聲比教坊樂下二均大凡北人衣

冠文物多用唐俗此樂疑亦唐之遺聲也

今之燕樂二十八調布在十一律唯黄鍾中

吕林鍾三律各具宫商角羽四音其餘或

有一調至二三調獨蕤賓一律都無內中

管仙吕調乃是蕤賓聲亦不正當本律其

間聲音出入亦不全應古法略可配合而
已如今之中呂宮却是古夾鍾宮南呂宮
乃古林鍾宮今林鍾商乃古無射宮今大
呂調乃古林鍾羽雖國工亦莫能知其所
因
十二律并清宮當有十六聲今之燕樂止有
十五聲蓋今樂高於古樂二律以下故無
正黄鍾聲只以合字當大呂猶差高當在
太呂太蔟之間下四字近太蔟之高四字
近夾鍾下一字近姑洗高字近中呂上字

近蕤賓勾字近林鍾尺字近夷則工字近南呂高工字近無射六字近應鍾下凡字爲黃鍾清高凡字爲太呂清下五字爲太蔟清高五字爲夾鍾清法雖如此然諸調殺聲不能盡歸本律故有偏殺側殺寄殺元殺之類雖與古法不同推之亦皆有理知聲者皆能言之此不備載也

古法鐘磬每虡十六乃十六律也然一虡又自應一律有黃鍾之虡有太呂之虡其他樂皆然且以琴言之雖皆清實其間有聲

重者有聲輕者材中自有五音故古人名
琴或謂之清徵或謂之清角不獨五音也
又應諸調余友人家有一琵琶置之虛室
以管色奏雙調琵琶絃輒有聲應之奏他
調則不應寶之以爲異物殊不知此乃常
理二十八調但有聲同者即應若徧二十
八調而不應則是逸調聲也古法一律有
七音十二律共八十四調更細分之尚不
止八十四逸調至多偶在二十八調中人
見其應則以爲怪此常理耳此聲學至要

妙處也今人不知此理故不能極天地至

和之聲世之樂工絃上音調尚不能知何

暇及此

古迂陳氏家藏夢溪筆談卷六

古迂陳氏家藏夢溪筆談卷七

沈括　存中述

象數一

開元大衍曆法最爲精密歷代用其朔法至熙寧中考之曆已後天五十餘刻而前世曆官皆不能知奉元曆乃移其閏朔熙寧十年天正元用午時新曆改用子時閏十二月改爲閏正月四夷朝貢者用舊曆比來款塞衆論謂氣至無顯驗可據因此以搖新曆事下有司考定凡立冬晷景與立

春之景相若者也今二景短長不同則知天正之氣偏也凡移五十餘刻立冬立春之景方停以此爲驗論者乃屈元會使人亦至曆法遂定

六壬天十二辰亥曰登明（登避宗嫌名作登）爲正月將戌曰天魁爲二月將古人謂之合神又謂之太陽過宫合神者正月建寅合在亥二月建卯合在戌之類太陽過宫者正月日躔諏訾二月日躔降婁之類二說一也此以顓帝曆言之也今則分爲二說者蓋日

度隨黄道歲差今太陽至雨水後方躔諏
訾春分後方躔降婁若用合神則須自立
春日便用亥將驚蟄便用戌將今若用太
陽則不應合神用合神則不應太陽以理
推之發課皆用月將加正時如此則須當
從太陽過宫若不用太陽躔次則當日當
時日月五星支干二十八宿皆不應天行
以此决知須用太陽也然尚未是盡理若
盡理言之并月建亦須移易緣日今斗杓
昏刻已不當月建須當隨黄道歲差今則

雨水後一日方合建寅春分後四日方合建卯穀雨後五日方合建辰如此始與太陽相符復會爲一說然須大改曆法事事釐正如東方蒼龍七宿當起于亢終于斗南方朱鳥七宿起于牛終于奎西方白虎七宿起于婁終于輿鬼北方眞武七宿起于東井終于角如此曆法始正不止六壬而已

六壬天十二辰之名古人釋其義曰正月陽氣始建呼召萬物故曰登明二月物生根

魁故曰天魁三月華葉從根而生故曰從

魁四月陽極無所傳故曰傳送五月草木

茂盛踰於初生故曰勝先六月萬物小盛

故曰小吉七月百穀成實自能任持故曰

太一八月枝條堅剛故曰天罡九月木可

爲枝榦故曰大衝十月萬物登成可以會

計故曰功曹十一月月建在子君復其位

故曰大吉十二月爲酒醴以報百神故曰

神后此說極無稽據義理余按登明者正

月三陽始兆于地上見龍在田天下文明

故曰登明天魁者斗魁第一星也斗魁第一星抵于戌故曰天魁從魁者斗魁第二星也斗魁第二星抵于酉故曰從魁（斗杓一星）（建方斗魁二星建方一星抵戌一星抵酉）傳送者四月陽極將退一陰欲生故傳陰而送陽也小吉夏至之氣大往小來小人道長小人之吉也故爲婚姻酒食之事勝先者王者向明而治萬物相見乎此莫勝莫先焉太一者太微垣所在太一所居也天罡者斗剛之所建也（斗杓謂之剛蒼龍第一星亦謂之亢與斗剛相直）太衝者日月

五星所出之門戶天之衡也功曹者十月歳功成而會計也大吉者冬至之氣小往大來君子道長大人之吉也故主文武大臣之事十二月子位北方之中上帝所居也神后帝君之稱也天十二辰也故皆以天事名之

六壬有十二神將以義求之止合有十一神將貴人為之主其前有五將謂騰蛇朱雀六合勾陳青龍也此木火之神在方左者方左謂寅卯辰巳午其後有五將謂天后太陰真武

太常白虎也此金水之神在方右者方右謂未申酉亥子唯貴人對相無物如日之在天月對則虧五星對則逆行避之莫敢當其對貴人亦然莫有對者故謂之天空空者無所有也非神將也猶月殺之有月空也以之占事吉凶皆空唯求對見及有所伸理于君者遇之乃吉十一將前二火二木一土間之後當二金二水一土間之眞武合在後二太陰合在後三合二神差互理似可疑也

事以辰名者爲多皆本于辰巳之辰今略舉數事十二支謂之十二辰一時謂之一辰

一日謂之一辰日月星謂之三辰北極謂之北辰大火謂之大辰五星中有辰星皆謂之辰今考子丑至于戌亥謂之十二辰者左傳云日月之會是謂辰一歲日月十二會于東方蒼龍角亢之舍起於辰故以所首者名之子丑戌亥既謂之辰則十二支十二時皆子丑戌亥則謂之辰無疑也一日謂之一辰者以十二支言也以十干言之謂之今日以十二支言之謂之今辰故支干謂之日辰日月星謂之三辰者日

月星至于辰而畢見以其所首者名之故皆謂之辰四時所見有早晚至辰則四時畢見故日加辰爲晨謂日始出之時星有三類一經星北極爲之長二舍星大火爲之長三行星辰星爲之長故皆謂之辰北辰居其所而衆星拱之故爲經星之長大火天王之座故爲舍星之長辰星日之近輔遠乎日不過一辰故爲行星之長

洪範五行數自一至五先儒謂之此五行生數各益以土數以爲成數以謂五行非土不成故水生一而成六火生二而成七木生三而成八金生四而成九土生五而成

十合之爲五十有五唯黄帝素問土生數五成數亦五蓋水火木金皆待土而成土更無所待故止一五而已畫而爲圖其理可見爲之圖者設木于東設金于西火居南水居北土居中央四方自爲生數各并中央之土以爲成數土自居其位更無所并自然止有五數蓋土不須更待土而成也合五行之數爲五十則大衍之數也此亦有理

揲蓍之法四十九蓍聚之則一而四十九隱

于一中散之則四十九而一隱于四十九
中一者道也謂之無則一在謂之有則不
可取四十九者用也靜則歸於一動則惟
覩其用一在其間而不可取此所謂大衍
之數五十其用四十有九
世之談數者蓋得其麄跡然數有甚微者非
巧曆所能知況此但跡而已至於感而遂
通天下之故者跡不預焉此所以前知之
神未易可以跡求況得其粗也余之所謂
甚微之跡者世之言星者恃曆以知之曆

亦出乎億而已余於奉元曆序論之甚詳
治平中金火合于軫以崇眞宣明景福明
崇欽天凡十一家大曆步之悉不合有差
三十日以上者曆豈足恃哉縱使在其度
然又有行黄道之裏者行黄道之外者行
黄道之上者行黄道之下者有循度者有
失度者有犯經星者有犯客星者所占各
不同此又非曆之能知也又一時之間天
行三十餘度總謂之一宫然時有始末豈
可三十度間陰陽皆同至交他宫則頓然

差別世言星曆難知唯五行時日爲可據是亦不然世之言五行消長者止是知一歲之間如冬至後日行盈度爲陽夏至後日行縮度爲陰二分行平度殊不知一月之中自有消長望前月行盈度爲陽望後月行縮度爲陰兩弦行平度至如春木夏火秋金冬水一月之中亦然不止月中一日之中亦然素問云疾在肝寅卯患申酉劇病在心巳午患子亥劇此一日之中自有四時也安知一時之間無四時安知一

刻一分一刹那之中無四時邪又安知十年百年一紀一會一元之間又豈無大四時邪又如春爲木九十日閒當亹亹消長不可三月三十日亥時屬木明日子時頓屬火也似此之類亦非世法可盡者

曆法步歲之法以冬至斗建所抵至明年冬至所得辰刻衰杪謂之斗分故歲文從步從戌戌者斗魁所抵也

正月寅二月卯謂之建其說謂斗杓所建不必用此說但春爲寅卯辰夏爲巳午未理

自當然不須因斗建也緣斗建有歲差蓋古人未有歲差之法顓帝曆冬至日宿斗初今宿斗六度古者正月斗杓建寅今則正月建丑矣又歲與歲合今亦差一辰堯典曰日短星昴今乃日短星東壁此皆隨歲差移也

唐書云落下閎造曆自言後八百年當差一筭至唐一行僧出而正之此妄說也落下閎曆法極踈蓋當時以爲密耳其間闕略甚多且舉二事言之漢世尚未知黄道歲

差至北齊向子信方候知歲差今以今古
曆校之凡八十餘年差一度則閎之曆八
十年自已差一度兼餘分踈闊據其法推
氣朔五星當時便不可用不待八十年乃
曰八百年差一筭太欺誕也天文家有渾
儀測天之器設于崇臺以候垂象者則古
機衡是也渾象天之器以水激之或以水
銀轉之置于密室與天行相符張衡陸績
所爲及開元中置於武成殿者皆此器也
皇祐中禮部試機衡正天文之器賦舉人

皆雜用渾象事試官亦自不曉第爲高等
漢以前皆以北辰居天中故謂之極星自
祖亘以璣衡考驗天極不動處乃在極星
之末猶一度有餘熙寧中余受詔典領曆
官雜考星曆以璣衡求極星初夜在窺管
中少時復出以此知窺管小不能容極星
遊轉乃稍稍展窺管候之凡曆三月極星
方遊於窺管之內常見不隱然後知天極
不動處遠極星猶三度有餘每極星入窺
管別畫爲一圖圖爲一圓規乃畫極星于

規中具初夜中夜後夜所見各圖之凡爲
二百餘圖極星方常循圓規之內夜夜不
差余於熙寧曆奏議中敘之甚詳
古今言刻漏者數十家悉皆踈謬曆家言晷
漏者自顓帝曆至今見於世謂之大曆者
凡二十五家其步漏之術皆未合天度余
占天候景以至驗于儀象考數下漏凡十
餘年方粗見眞數成書四卷謂之熙寧晷
漏皆非襲蹈前人之迹其間二事尤微一
者下漏家常患冬月水澀夏月水利以爲

水性如此又疑水澌所壅萬方理之終不
應法余以理求之冬至日行速天運已朞
而日已過表故百刻而有餘夏至日行遲
天運未朞而日已至表故不及百刻既得
此數然後覆求晷景漏刻莫不泯合此古
人之所未知也二者日之盈縮其消長以
漸無一日頓殊之理厯法皆以一日之氣
短長之中者播爲刻分累損益氣初日衰
每日消長常同至交一氣則頓易刻衰故
黄道有觚而不圓縱有强爲數以步之者

亦非乘理用筭而多形數相詭大凡物有定形形有眞數方圓端斜定形也乘除相盪無所附益泯然冥會者眞數也其術可以心得不可以言喻黃道環天正圓圓之爲體循之則其妥至均不均不能中規衡絕之則有舒有數無舒數則不能成妥以圓法相盪而得衰則衰無不均以妥法相盪而得差則差有疎數相因以求從相消以求負從負相入會一術以御日行以言其變則杪刻之間消長求當同以言其齊

則止用一衺循環無端終始如貫不能議其隙此圓法之微古之言筭者有所未知也以日衺生日積及生日衺終始相求迭爲賓主順循之以索日變衡別之求去極之度合散無迹泯如運規非深知造筭之理者不能與其微也其詳具余奏議藏在史官及余所著熙寧晷漏四卷之中

予編校昭文書時預詳定渾天儀官長問余二十八宿多者三十三度少者止一度如此不均何也予對曰天事本無度推曆者

無以寓其數乃以日所行分天爲三百六
十五度有奇日平行三百六十五日有餘而一朞天故以一日爲一度
既分之必有物記之然後可窺而數於是
以當度之星記之循黃道日之所行一朞
當者止二十八宿星而已度如傘橑當度上謂正當傘橑
者故車蓋二十八弓以象二十八宿則余渾儀奏議所謂度不可見可見者星也日
月五星之所由有星焉當度之畫者凡二十有八謂之舍舍所以挈度所以生數也
令所謂距度星者是也非不欲均也黃道
所由當度之星止有此而已
又問予以日月之形如丸邪如扇也若如丸

則其相遇豈不相礙余對曰日月之形如
丸何以知之以月盈虧可驗也月本無光
猶銀丸日耀之乃光耳光之初生日在其
傍故光側而所見纔如鈎日漸遠則斜照
而光稍滿如一彈丸以粉塗其半側視之
則粉處如鈎對視之則正圓此有以知其
如丸也日月氣也有形而無質故相直而
無礙

又問日月之行日一合一對而有蝕不蝕何
也余對曰黃道與月道如二環相疊而小

差凡日月同在一度相遇則日爲之蝕正一度相對則月爲之虧雖同一度而月道與黄道不相近自不相侵同度而又近黄道月道之交日月相值乃相凌掩正當其交處則蝕而既不全當交道則隨其相犯淺深而蝕凡日蝕當月道自外而交入于內則蝕起于西南復于東北自內而交出于外則蝕起于西北而復于東南日在交東則蝕其內日在交西則蝕其外蝕既則起于正西復于正東凡月蝕月道自外入

内則蝕起于東南復于西北自内出外則蝕起于東北而復于西南月在交東則蝕其外月在交西則蝕其内蝕既則起于正東復于西交道每月退一度餘凡二百四十九交而一朞故西天法羅睺計都皆逆步之乃今之交道也交初謂之羅睺交中謂之計都

古之卜者皆有繇辭周禮三兆其頌皆千有二百如鳳凰于飛和鳴鏘鏘間于兩社爲公室輔專之渝攘公之羭一薰一蕕十年

尚猶有臭如魚鏡尾衡流而方羊裔焉大國滅之將亡闔門塞竇乃自後踰大横庚庚乎爲天王夏啓以光之類是也今此書亡矣漢人尚視其體令人雖視其體而專以五行爲主三代舊術莫有傳者

北齊向子信候天文凡月前有星則行速星多則尤速月行自有遲速定數然遇行疾曆其前必有星如子信說亦陰陽相感自相契耳

醫家有五運六氣之術大則候天地之變寒

暑風雨水旱螟蝗率皆有法小則人之衆
疾亦隨氣運盛衰今人不知所用而膠於
定法故其術皆不驗假令厥陰用事其氣
多風民病濕泄豈溥天之下皆多風溥天
之民皆病濕泄邪至於一邑之間而暘雨
有不同者此氣運安在欲無不謬不可得
也大凡物理有常有變運氣所主者常也
異夫所主者皆變也常則如本氣變則無
所不至而各有所占故其候有從逆淫鬱
勝復太過不足之變其法皆不同若厥陰

用事多氣而草木榮茂是之謂從天氣明
絜燥而無風此之謂逆太虛埃昏流水不
冰此謂之淫大風折木雲物濁擾此之謂
鬱山澤焦枯草木凋落此之謂勝大暑燔
燎螟蝗爲災此之謂復山崩地震埃昏時
作此謂之太過陰森無時重雲晝昏此之
謂不足隨其所變疾癘應之皆視當時當
處之候雖數里之間但氣候不同而所應
全異豈可膠於一證熙寧中京師久旱祈
禱備至連日重陰人謂必雨一日驟晴炎

日赫然余時因事入對上問雨期余對曰
雨候已見期在明日衆以謂頻日晦溽尚
且不雨如此暘燥豈復有望次日果大雨
是時濕土用事連日陰者從氣已效但爲
厥陰所勝未能成雨後日驟晴者燥金入
候厥陰當折則太陰得伸明日運氣皆順
以是知其必雨此亦當處所占也若他處
候別所占亦異其造微之妙間不容髮推
此而求自臻至理

歲運有主氣有客氣常者爲主外至者爲客

初之氣厥陰以至終之氣太陽者四時之常叙也故謂之主氣唯客氣本書不載其目故說者多端或以甲子之歲天數始於水下一刻乙丑之歲始于二十六刻丙寅歲始于五十一刻丁卯歲始于七十六刻者謂之客氣此乃四分曆法求大寒之氣何預歲運又有相火之下水氣承之土位之下風氣承之謂之客氣此亦主氣也與六節相須不得爲客大率臆計率皆此類凡所謂客者歲半以前天政主之歲半以

後地政主之四時常氣爲之主天地之政
爲之客逆主之氣爲害暴逆客之氣爲害
徐調其主客無使傷沴此治氣之法也
六氣方家以配六神所謂青龍者東方厥陰
之氣其性仁其神化其色青其形長其蟲
鱗兼是數者唯龍而青者可以體之然未
必有是物也其他取象皆如是唯北方有
二曰玄武太陽水之氣也曰螣蛇少陽相
火之氣也其在於人爲腎腎亦二左爲太
陽水右爲少陽相火火降而息水火騰而

爲雨露以滋五臟上下相交此坎離之交以爲否泰者也故腎爲壽命之藏左陽右陰左右相交此乾坤之交以生六子者也故腎爲胎育之臟中央太陰土曰勾陳中央之取象唯人爲宜勾陳者天子之環衛也居人之中莫如君何以不取象於君君之道無所不在不可以方言也環衛居人之中央而中虛者也虛者妙萬物之地也在天文星辰皆居四傍而中虛八卦分布八方而中虛不虛不足以妙萬物其在於

人勾陳之配則脾也勾陳如環環之中則
所謂黄庭也黄者中之色庭者宫之虚地
也古人以黄庭爲脾不然也黄庭有名而
無所沖氣之所在也脾不能與也脾主思
慮非思之所能到也故養生家曰能守黄
庭則能長生黄庭者以無所守爲守唯無
所守乃可以長生或者又謂黄庭在二腎
之間又曰在心之下又曰黄庭有神人守
之皆不然黄庭者虚而妙者也强爲之名
意可到則不得謂之虚豈可求而得之也

跋

易象九為老陽七為少八為少陰六為老陰舊說陽以進為老陰以退為老九六者乾坤之畫陽得兼陰陰不得兼陽此皆以意配之不然也九七八六之數陽順陰逆之理皆有所從來得之自然非意之所配也凡歸餘之數有多有少多為陰如爻之偶少為陽如爻之奇三少乾也故曰老陽九揲而得之故其數九其策三十有六兩多一少則一少為之主震坎艮也故皆謂之少

陽少在初爲震中爲坎末爲艮皆七揲而得之故其數七其策二十有八三多坤也故曰老陰六揲而得之故其數六其策二十有四兩少一多則多爲之主巽離兌也故皆謂之少陰多在初爲巽中爲離末爲兌皆八揲而得之故其數八其策三十有二物盈則變純少陽盈純多陰盈盈爲老故老動而少靜吉凶悔吝生乎動者也卦爻之辭皆九六者惟動則有占不動則無朕雖易亦不能言之國語謂貞屯悔豫皆八遇泰之八是也今人以易筮者雖

不動亦引爻辭斷之易中但有九六既不動則是七八安得用九六爻辭此流俗之過也

江南人鄭史曾爲一書談易其間一說曰乾坤大父母也復姤小父母也乾一變生復得一陽坤一變生姤得一陰乾再變生臨得二陽坤再變生遯得二陰乾三變生泰得四陽坤三變生否得四陰乾四變生大壯得八陽坤四變生觀得八陰乾五變生夬得十六陽坤五變生剥得十六陰乾六

變生歸妹本得三十二陽坤六變生歸妹
本得三十二陰乾坤錯綜陰陽各三十二
生六十四卦夬之爲書皆荒唐之論獨有
此變卦之說未知其是非余後因見兵部
侍郎秦君玠論夬所談駭然嘆曰夬何處
得此法玠曾遇一異人授此數曆推往古
興衰運曆無不皆驗常恨不能盡得其術
西都邵雍亦知大略已能洞吉凶之變此
人乃形之於書必有天譴此非世人得聞
也余聞其言怪兼復甚祕不欲深詰之今

夫與雍玠皆已死終不知其何術也
慶曆中有一術士姓李多巧思嘗木刻一舞
鍾馗高二三尺右手持鐵簡以香餌置鍾
馗左手中鼠緣手取食則左手扼鼠右手
運簡斃之以獻荊王王館於門下會太史
言月當蝕於昏時李自云有術可禳荊王
試使爲之是夜月果不蝕王大神之即日
表聞詔付內侍省問狀李云本善曆術知
崇天曆蝕限太弱此月所蝕當有濁中以
微賤不能自通始以機巧干荊邸今又假

禳禬以動朝廷耳詔送司天監考驗李與
判監楚衍推步日月蝕遂加蝕限二刻李
補司天學生至熙寧元年七月日辰蝕東
方不效却是蝕限大强曆官皆坐謫令監
官周琮重修復減去慶曆所加二刻苟欲
求熙寧日蝕而慶曆之蝕復失之議久紛
紛卒無巧筭遂廢明天復行崇天至熙寧
五年衛朴造奉元曆始知舊蝕法止用日
平度故在疾者過之在遲者不及崇明二
曆加減皆不曾求其所因至是方究其失

四方取象蒼龍白虎朱雀龜蛇唯朱雀莫知
何物但謂鳥而朱者羽族赤而翔上集必
附木此火之象也或謂之長離蓋云離方
之長耳或云鳥即鳳也故謂之鳳鳥少昊
以鳳鳥至乃以鳥紀官則所謂丹鳥氏即
鳳也又旗旐之飾皆二物南方曰鳥隼則
鳥隼蓋兩物也然古人取象不必大物也
天文家朱鳥乃取象於鶉故南方朱鳥七
宿曰鶉首鶉火鶉尾是也鶉有兩種有丹
鶉有白鶉此丹鶉也色赤黄而文鋭上禿

下夏出秋蟄蝨飛必附草皆火類也或有魚
所化者魚鱗蟲龍類火之所自生也天文
東方蒼龍七宿有角亢有尾南方朱鳥七
宿有喙有嗉有翼而無尾此其取於鶉歟
司馬彪續漢書候氣之法於密室中以木爲
案置十二律琯各如其方實以葭灰覆以
緹縠氣至則一律飛灰世皆疑其所置諸
律方不踰數尺氣至獨本律應何也或謂
古人自有術或謂短長至數冥符造化或
謂支干方位自相感召皆非也蓋彪說得

其略耳唯隋書志論之甚詳其法先治一室令地極平乃埋律琯皆使上齊入地則有淺深冬至陽氣距地面九寸而止唯黃鍾一琯達之故黃鍾爲之應正月陽氣距地面八寸而止自太蔟以上皆達黃鍾太呂先已虛故唯太蔟一律飛灰如人用鍼徹其經渠則氣隨鍼而出矣地有疏密則不能無差忒故先以木案隔之然後實土案上令堅密均一其上以水平其槩然後埋律其下雖有疏密爲木案所節其氣自

平但仁仁調其案上之土耳
易有納甲之法未知起於何時予嘗考之可
以推見天地胎育之理乾納甲壬坤納乙
癸者上下包之也震巽坎离艮兑納庚辛
戊己丙丁者六子生於乾坤之包中如物
之處胎甲者左三剛爻乾之氣也右三柔
爻坤之氣也乾之初爻交于坤生震故震之
初爻納子午乾初爻子午故也中爻交于坤生坎
初爻納寅申震納子午順傳寅申易道順上爻交于坤
生艮初爻納辰戌亦順傳也坤之初爻交于乾

生巽故巽之初爻納丑未坤之初爻丑未故也中爻交于乾生离初爻納卯酉巽納丑未逆傳卯酉陰道逆上爻交于乾生兑初爻納巳亥傳亦逆也乾坤始于甲乙則長男長女乃其次宜納丙丁少男少女居其末宜納庚辛令乃反此者卦必自下生先初爻次中及末乃至上爻此易之叙然亦胎育之理也物之處胎甲莫不倒生自下而生者卦之叙而冥合造化胎育之理此至理合自然者也凡草木百穀之實皆生自系于蒂其上抵于穎處反是根人與鳥獸生首亦[illegible]皆在下

甲子寅戌 囗 丙辰戌午子甲寅 囗 戊寅申辰戌午子 囗 庚子午寅申辰戌 壬午申戌

乾 生艮 生坎 生震 乾

坤 生兌 生離 生巽 坤

乙未巳卯 囗 丁巳亥卯酉丑未 囗 己卯酉丑未亥丑 囗 辛壬未亥巳酉卯 癸丑亥酉

古迂陳氏家藏夢溪筆談卷七

古迂陳氏家藏夢溪筆談卷八

沈　括　存中述

象數二

史記律書所論二十八舍十二律多皆臆配殊無義理至於言數亦多差舛如所謂律數者八十一爲宮五十四爲徵七十二爲商四十八爲羽六十四爲角此止是黄鍾一均耳十二律各有五音豈得定以此爲律數如五十四在黄鍾則爲徵在夾鍾則爲角在中吕則爲商兼律有多寡之數有

實積之數有短長之數有周徑之數有清
濁之數其八十一五十四七十二四十八
六十四止是實積數耳又云黃鍾長八寸
七分一大呂長七寸五分三分一太蔟長
七寸七分二夾鍾長六寸二分三分一姑
洗長六寸七分四中呂長五寸九分三分
二蕤賓長五寸六分二分一林鍾長五寸
七分四夷則長五寸四分三分二南呂長
四寸七分八無射長四寸四分三分二應
鍾長四寸二分三分二此尤誤也此亦實

積耳非律之長也蓋其間字又有誤者疑後人傳寫之失也餘分下分母凡七字皆當作十字誤屈其中畫耳黄鍾當作八寸十分一太蔟當作七寸十分二姑洗當作六寸十分四林鍾當作五寸十分四南呂當作四寸十分八凡言七分者皆是十分

今之卜筮皆用古書工拙繫乎用之者唯其寂然不動乃能通天下之故人未能至乎無心也則憑物之無心者而言之如灼龜璺兆皆取其無理則不隨理而震此近乎無心也

呂才爲卜宅祿命卜葬之說皆以術爲無驗術之不可恃信然而不知彼皆寓也神而明之存乎其人故一術二人用之則所占各異人之心本神以其不能無累而寓之以無心之物而以吾之所以神者言之此術之微難可以俗人論也才又論人姓或因官或因邑族豈可配以宮商此亦是也如今姓敬者或更姓文或更姓苟以文考之皆非也敬本從苟（音亟）從攴今乃謂之苟與文五音安在哉此爲無義不待遠求而

知也然既謂之寓則茍以爲字皆寓也凡視聽思慮所及無不可寓者若以此爲妄則凡禍福吉凶死生變化孰爲非妄者能齊乎此然後可與論先知之神矣

曆法天有黄赤二道月有九道此皆强名而已非實有也亦由天之有三百六十五度天何嘗有度以日行三百六十五日而一朞强謂之度以步日月五星行次而已日之所由謂之黄道南北極之中度最均處謂之赤道月行黄道之南謂之朱道行黄

道之北謂之黑道黄道之東謂之青道黄道之西謂之白道黄道内外各四并黄道爲九日月之行有遲有速難可以一術御也故因其合散分爲數段每段以一色名之欲以别筭位而已如筭法用赤籌黑籌以别正員之數曆家不知其意遂以謂實有九道甚可嗤也

二十八宿爲其有二十八星當度故立以爲宿前世測候多或改變如唐書測得畢有十七度半觜只有半度之類皆謬說也星

既不當度自不當用爲宿次自是渾儀度距疎密不等耳凡二十八宿度數皆以赤道爲法唯黄道度有不全度者蓋黄道有斜有直故度數與赤道不等即須以當度星爲宿唯虚宿末有奇數自是日之餘分曆家取以爲斗分者此也餘宿則不然

予嘗考古今曆法五星行度唯留逆之際最多差自内而進者其退必向外自外而進者其退必由内其迹如循柳葉兩末鋭中閣往還之道相去甚遠故兩末星行成度

稍遲以其斜行故也中間成度稍速以其
徑絕故也曆家但知行道有遲速不知道
徑又有斜直之異熙寧中予領太史令衛
朴造曆氣朔已正但五星未有候簿可驗
前世修曆多只增損舊曆而已未曾實考
天度其法須測驗每夜昏曉夜半月及五
星所在度抄置簿錄之滿五年其間剔去
雲陰及晝見日數外可得三年實行然後
以筭日綴之古所謂綴術者此也是時司
天曆官皆承世族隸名食祿本無知曆者

惡朴之術過已羣沮之釁起大獄雖終不能撓朴而候簿至今不成奉元曆五星步術但增損舊曆正其甚謬處十得五六而已朴之曆術今古未有爲羣曆人所沮不能盡其藝惜哉

國朝置天文院於禁中設漏刻觀天臺銅渾儀皆如司天監與司天監互相檢察每夜天文院具有無謫見雲物禨祥及當夜星次須令於皇城門未發前到禁中門發後司天占狀方到以兩司奏狀對勘以防虛

僞近歲皆是陰相計會符同寫奏習以爲
常其來已久中外具知之不以爲怪其日
月五星行次皆只據小曆所筭躔度謄奏
不曾占候有司但備員安祿而已熙寧中
予領太史嘗按發其欺免官者六人未幾
其弊復如故

司天監銅渾儀景德中曆官韓顯符所造依
倣劉曜時孔挺晁崇斛蘭之法失於簡略
天文院渾儀皇祐中冬官正舒易簡所造
乃用唐梁令瓚僧一行之法頗爲詳備而

失於難用熙寧中予更造渾儀并創爲玉壺浮漏銅表皆置天文院别設官領之天文院舊銅儀送朝服法物庫收藏以備講求

古迂陳氏家藏夢溪筆談卷八

（宋）沈括　撰

元本夢溪筆談

第二册

國家圖書館出版社

第二册目録

古迂陳氏家藏夢溪筆談卷九

沈　括　存中述

人事一

景德中河北用兵　車駕欲幸澶淵中外之論不一獨寇忠愍贊成　上意乘輿方渡河虜騎充斥至于城下人情恟恟　上使人微覘準所爲而準方酣寢於中書鼻息如雷人以其一時鎮物比之謝安

武昌張諤好學能議論常自約仕至縣令則致仕而歸後登進士第除中允諤於所居

營一舍榜爲中允亭以誌素約也後謌稍
稍進用數年閒爲集賢校理直舍人院檢
正中書五房公事判司農寺皆要官權任
漸重無何坐事奪數官歸武昌未幾捐館
遂終於太子中允豈非前定
許懷德爲殿帥嘗有一舉人因懷德乳婢求
爲門客懷德許之舉子曳襴拜于庭下懷
德據座受之人謂懷德武人不知事體密
謂之曰舉人無設堦之禮宜少降接也懷
德應之曰我得打乳婢關節秀才只消如

此待之

夏文莊性豪侈禀賦異於人纔睡即身冷而僵一如逝者既覺須令人溫之良久方能動人有見其陸行兩車相連載一物巍然問之乃綿帳也以數千兩綿爲之常服仙茅鍾乳硫黃莫知紀極晨朝每食鐘乳粥有小吏竊食之遂發疽幾不可救

鄭毅夫自負時名國子監以第五人送意甚不平謝主司啓事有李廣事業自謂無雙杜牧文章止得第五之句文云騏驥巳老

甘鴛馬以先之巨鼇不靈因頑石之在上
主司深銜之他日廷策主司復爲考官必
欲黜落以報其不遜有試業似獬者枉遭
斥逐既而發考卷則獬乃第一人及第又
嘉祐中士人劉幾累爲國學第一人驟爲
惟嶮之語學者翕然效之遂成風俗歐陽
公深惡之會公主文決意痛懲凡爲新文
者一切弃黜時體爲之一變歐陽之功也
有一舉人論曰天地軋萬物茁聖人發公
曰此必劉幾也戲續之曰秀才剌試官刷

乃以大朱筆橫抹之自首至尾謂之紅勒
帛判大紕繆字榜之旣而果幾也復數年
公爲　御試考官而幾在庭公曰除惡務
本今必痛斥輕薄子以除文章之害有一
士人論曰　主上收精藏明於冕旒之下
公曰吾已得劉幾矣旣黜乃吳人蕭稷也
是時試堯舜性仁賦有曰故得靜而延年
獨高五帝之壽動而有勇形爲四罪之誅
公大稱賞擢爲第一人及唱名乃劉煇人
有識之者曰此劉幾也易名矣公愕然久

之因欲成就其名小賦有內積安行之德
蓋稟於天公以謂積近於學改爲蘊人莫
不以公爲知言

古人謂貴人多知人以其閱人物多也張鄧
公爲殿中丞一見王城東遂厚遇之語必
移時王公素所厚唯楊大年公有一茶囊
唯大年至則取茶囊具茶他客莫與也公
之子弟但聞取茶囊則知大年至一日公
命取茶囊羣子弟皆出窺大年及至乃鄧
公他日公復取茶囊又往窺之亦鄧公也

子弟乃問公張殿中者何人公待之如此公曰張有貴人法不十年當據吾座後果如其言又文潞公爲太常博士通判兖州回謁呂許公公一見器之問潞公太博曾在東魯必當别墨令取一丸墨瀕階磨之揖潞公就觀此墨何如乃是欲從後相其背既而密語潞公曰異日必大貴達即日擢爲監察御史不十年入相潞公自慶曆八年登相至七十九歲以太師致仕凡帶平章事三十七年未嘗改易名位隆重福

壽康寧近世未有其比

王延政據建州令大將章某守建州城嘗遣部將刺事于軍前後期當斬惜其材未有以處歸語其妻其妻連氏有賢智私使人謂部將曰汝法當死急逃乃免與之銀數十兩曰徑行無顧家也部將得以潛去投江南李主以隸查文徽麾下文徽攻延政部將適主是役城將陷先喻城中能全連氏一門者有重賞連氏使人謂之曰建民無罪將軍幸赦之妾夫婦罪當死不敢圖

生若將軍不釋建民妾願先百姓死誓不
獨生也詞氣感槩發於至誠不得已爲之
戢兵而入一城獲全至今連氏爲建安大
族官至卿相者相踵皆連氏之後也又李
景使大將胡則守江州江南國下曹翰以
兵圍之三年城堅不可破一日則怒一饔
人鱠魚不精欲殺之其妻遽止之曰士卒
守城累年矣暴骨蒲地柰何以一食殺士
卒耶則乃捨之此卒夜縋城走投曹翰具
言城中虛實先是城西南依嶮素不設備

卒乃引王師自西南攻之是夜城陷胡則一門無遺類二人者其爲德一也何其報效之不同

王文正太尉局量寬厚未嘗見其怒飲食有不精潔者但不食而已家人欲試其量以少埃墨投羹中公唯啖飯而已問其何以不食羹曰我偶不喜肉一日又墨其飯公視之曰吾今日不喜飯可具粥其子弟愬於公曰庖肉爲饔人所私食肉不飽乞治之公曰汝輩人料肉幾何曰一斤今但得

半斤食其半爲饔人所廋公曰盡一斤可
得飽乎曰盡一斤固當飽曰此後人料一
斤半可也其不發人過皆類此嘗宅門壞
主者徹屋新之暫於廊廡下啓一門以出
入公至側門門低據鞍俯伏而過都不問
門畢復行正門亦不問有控馬卒歲滿辭
公公問汝控馬幾時曰五年矣公曰吾不
省有汝旣去復呼回曰汝乃某人乎於是
厚贈之乃是逐日控馬但見背未嘗視其
面因去見其背方省也

石曼卿居蔡河下曲鄰有一豪家日聞歌鐘之聲其家僮僕數十人常往來曼卿之門曼卿呼一僕問豪爲何人對曰姓李氏主人方二十歲並無昆弟家妾曳羅綺者數十人曼卿求欲見之其人曰郎君素未嘗接士大夫他人必不可見然喜飲酒屢言聞學士能飲酒意亦似欲相見待試問之一日果使人延曼卿曼卿即着帽往見之坐于堂上久之方出主人者頭巾繫勒帛都不具衣冠見曼卿全不知拱揖之禮引

曼卿入一别館供張赫然坐良久有二鬟
妾各持一小槃至曼卿前槃中紅牙牌十
餘其一槃是酒凡十餘品令曼卿擇一牌
其一槃肴饌名令擇五品旣而二鬟去有
羣妓十餘人各執肴果樂器妝服人品皆
艷麗粲然一妓酌酒以進酒罷樂作羣妓
執果肴者萃立其前食罷則分列其左右
京師人謂之軟槃酒五行羣妓皆退主人
者亦翩然而入略不揖客曼卿獨步而出
曼卿言豪者之狀懵然愚騃殆不分菽麥

而奉養如此極可怪也他日試使人通鄭重則閉門不納亦無應門者問其近鄰云其人未嘗與人往還雖鄰家亦不識面古人謂之錢癡信有之

潁昌陽翟縣有一杜生者不知其名邑人但謂之杜五郎所居去縣三十餘里唯有屋兩間其一間自居一間其子居之室之前有空地丈餘即是籬門杜生不出籬門凡三十年矣黎陽尉孫軫曾往訪之見其人頗蕭灑自陳村民無所能何爲見訪孫問

其不出門之囫其人笑曰以告者過也指門外一桑曰十五年前亦曾到此桑下納涼何謂不出門也但無用於時無求於人偶自不出耳何足尚哉問其所以爲生曰昔時居邑之南有田五十畝與兄同耕後兄之子娶婦度所耕不足贍乃以田與兄攜妻子至此偶有鄉人借此屋遂居之唯與人擇日又賣一藥以具饘粥亦有時不繼後子能耕鄉人見憐與田三十畝令子耕之尚有餘力又爲人傭耕自此食足鄉

人貧以醫自給者甚多自食既足不當更兼鄉人之利自爾擇日賣藥一切不爲又問常日何所爲曰端坐耳無可爲也問頗觀書否曰二十年前亦曾觀書問觀何書曰曾有人惠一書冊無題號其間多說淨名經亦不知淨名經何書也當時極愛其議論今亦忘之并書亦不知所在久矣氣韻閑曠言詞精簡有道之士也盛寒但布袍草屨室中枵然一榻而已問其子之爲人曰村童也然質性甚淳厚未嘗妄言未

嘗嬉遊唯買鹽酪則一至邑中可數其行迹以待其歸徑往徑還未嘗傍遊一步也余時方有軍事至夜半未卧疲甚與官屬閑話軫遂及此不覺肅然頓忘煩勞

唐白樂天居洛與高年者八人遊謂之九老洛中士大夫至今居者爲多繼而爲九老之會者再矣元豐五年文潞公守洛又爲耆年會人爲一詩命畫工鄭奐圖于妙覺佛寺凡十三人守司徒致仕韓國公富弼年七十九守太尉判河南府潞國公文彥

傅年七十七司封郎中致仕席汝言年七
十七朝議大夫致仕王尚恭年七十六太
常少卿致仕趙丙年七十五祕書監劉几
年七十五衛州防禦使馮行巳年七十五
太中大夫充天章閣待制楚建中年七十
三朝議大夫致仕王慎言年七十二宣徽
南院使檢校太尉判大名府王拱辰年七
十一太中大夫張問年七十龍圖閣直學
士通議大夫張燾年七十端明殿學士兼
翰林侍讀學士太中大夫司馬光年六十

四

王文正太尉氣羸多病　眞宗面賜藥酒一注缾令空腹飲之可以和氣血辟外邪文正飲之大覺安健因對稱謝　上曰此蘇合香酒也每一斗酒以蘇合香丸一兩同煮極能調五臟却腹中諸疾每冒寒夙興則飲一盃因各出數榼賜近臣自此臣庶之家皆倣爲之蘇合香丸盛行於時此方本出廣濟方謂之白朮丸後人亦編入千金外臺治疾有殊效余於良方敘之甚詳

然昔人未知用之錢文僖公集篋中方蘇
合香丸注云此藥本出禁中祥符中嘗賜
近臣即謂此也

李士衡爲館職使高麗一武人爲副高麗礼
幣贈遺之物士衡皆不關意一切委於副
使時船底疎漏副使者以士衡所得縑帛
藉船底然後實已物以避漏濕至海中遇
大風船欲傾覆舟人大恐請盡弃所載不
爾船重必難免副使倉惶悉取船中之物
投之海中更不暇揀擇約投及半風息船

定既而點檢所投皆刷使之物士衡所得在船底一無所失

劉美少時善鍛金後貴顯賜與中有上方金銀器皆刻工名其間多有美所造者又楊景宗微時常荷畚爲丁晉公築第後晉公籍没其家以第賜景宗二人者方其微賤時一造上方器一爲宰相築第安敢自期身饗其用哉

舊制天下貢舉人到闕悉皆入對數不下三千人謂之羣見遠方士皆未知　朝廷儀

範班列紛錯有司不能繩勒見之曰先設
禁圍于著位之前舉人皆拜于禁圍之外
蓋欲限其前列也至有更相抱持以望㦸
座者有司患之近歲遂止令解頭入見然
尚不減數百人嘉祐中余忝在解頭別爲
一班最在前列日見班中唯從前一兩行
稍應拜起之節自餘亦終不成班綴而罷
每爲閤門之累常言殿庭中班列不可整
齊者唯有三色謂舉人蕃人駱駝

兩浙田稅畝三斗錢氏國除　朝廷遣王方

贄均兩浙雜稅方贄悉令畝出一㪷使還
責擅減稅額方贄以謂畝稅一㪷者天下
之通法兩浙既已爲王民豈當復循僞國
之法　上從其説至今畝稅一㪷者自方
贄始唯江南福建循舊額蓋當時無人
論列遂爲永式方贄尋除右司諫終於京
東轉運使有五子皐準覃鞏罕準之子珪
爲宰相其他亦多顯者豈惠民之報歟
孫之翰人嘗與一硯直三十千孫曰硯有何
異而如此之價也客曰硯以石潤爲貴此

石呵之則水流孫曰一日呵得一檐水纔
直三錢買此何用竟不受

王荆公病喘藥用紫團山人蔘不可得時薛
師政自河東還適有之贈公數兩不受人
有勸公曰公之疾非此藥不可治疾可憂
藥不足辭公曰平生無紫團蔘亦活到今
日竟不受公面黧黑門人憂之以問醫醫
曰此垢汗非疾也進澡豆令公頮面公曰
天生黑於予澡豆其如予何

王子野生平不茹葷腥居之甚安

趙閱道爲成都轉運使出行部內唯攜一琴一龜坐則看龜鼓琴嘗過青城山遇雪舍于逆旅逆旅之人不知其使者也或慢狎之公頹然鼓琴不問

淮南孔旻隱居篤行終身不仕美節甚高嘗有竊其園中竹旻愍其涉水冰寒爲架一小橋渡之推此則其愛人可知然余聞之莊子妻死鼓盆而歌妻死而不輟鼓可也爲其死而鼓之則不若不鼓之愈也猶那原耕而得金擲之墻外不若管寧不視之

愈也

狄青爲樞密使有狄梁公之後持梁公畫像及告身十餘通詣青獻之以謂青之遠祖青謝之曰一時遭際安敢自比梁公厚有所贈而還之比之郭崇韜哭子儀之墓青所得多矣

郭進有材略累有戰功嘗刺邢州今邢州城乃進所築其厚六丈至今堅完鎧仗精巧以至封貯亦有法度進於城北治第旣成聚族人賓客落之下至土木之工皆與乃

設諸工之席于東廡羣子之席于西廡人或曰諸子安可與工徒齒進指諸工曰此造宅者指諸子曰此賣宅者固宜坐造宅者下也進死未幾果爲他人所有今資政殿學士陳彥升宅乃進舊第東南一隅也

有一武人忘其名志樂閑放而家甚貧忽吟一詩曰人生本無累何必買山錢遂投檄去至今致仕尚康寧

眞宗皇帝時向文簡拜右僕射麻下日李昌武爲翰林學士當對 上謂之曰朕自即

位以來未嘗除僕射令曰以命敏中此殊命也敏中應甚喜對曰臣今自早候對亦未知宣麻不知敏中何如　上曰敏中門下令日賀客必多卿往觀之明日却對來勿言朕意也昌武候丞相歸乃往見丞相謝客門闌悄然無一人昌武與向親徑入見之徐賀曰今日聞降麻士大夫莫不歡慰朝野相慶公但唯唯又曰自　上即位未嘗除端揆此非常之命自非勳德隆重眷倚殊越何以至此公復唯唯終未測其

意又歷陳前世爲僕射者勳勞德業之盛禮命之重公亦唯唯卒無一言既退復使人至庖廚中問今日有無親戚賓客飲食宴會亦寂無一人明日再對上問昨日見敏中否對曰見之敏中之意何如乃具以所見對上笑曰向敏中大耐官職向文簡拜僕射年月未曾考於國史熙寧中因見中書題名記天禧元年八月敏中加右僕射然密院題名記天禧元年二月王欽若加僕射

晏元獻公爲童子時張文節薦之於朝廷召至闕下適值 御試進士便令公就試公

一見試題曰臣十日前巳作此賦有賦草尚在乞別命題　上極愛其不隱及爲館職時天下無事許臣寮擇勝燕飲當時侍從文館士大夫爲燕集以至市樓酒肆往往皆供帳爲遊息之地公是時貧甚不能出獨家居與昆弟講習一日選東宮官忽自中批除晏殊執政莫諭所因次日進覆上諭之曰近聞館閣臣寮無不嬉遊燕賞弥日繼夕唯殊杜門與兄弟讀書如此謹厚正可爲東宮官公旣受命得對　上面

諭除授之意公語言質野則曰臣非不樂
燕遊者直以貧無可爲之臣若有錢亦須
往但無錢不能出耳　上益嘉其誠實知
事君體眷注日深　仁宗朝卒至大用
寶元中忠穆王吏部爲樞密使河西首領趙
元昊叛　上問邊備輔臣皆不能對明日
樞密四人皆罷忠穆謫虢州翰林學士蘇
公儀與忠穆善出城見之忠穆謂公儀曰
駮之此行前十年已有人言之公儀曰必
術士也忠穆曰非也昔時爲三司鹽鐵副

使疏決獄因至河北是時曹南院自陜西謫官初起爲定帥駿至定治事畢瑋謂駿曰決事已畢自此當還明日願少留一日欲有所言駿既愛其雄材又聞欲有所言遂爲之留明日具饌甚簡儉食罷屏左右曰公滿面權骨不爲樞輔即邊帥或謂公當作相則不然也然不十年必揔樞柄此時西方當有警公宜預講邊備蒐閱人材不然無以應卒駿曰四境之事唯公知之何以見教曹曰瑋實知之今當爲公言瑋

在陜西日河西趙德明嘗使人以馬博易
于中國怒其息微欲殺之莫可諫止德明
有一子方十餘歲極諫不已曰以戰馬資
鄰國已是失計今更以貨殺邊人則誰肯
爲我用者瑋聞其言私念之曰此子欲用
其人矣是必有異志聞其常往來互市中
瑋欲一識之屢使人誘致之不可得乃使
善畫者圖形容既至觀之眞英物也此子
必須爲邊患計其時節正在公秉政之日
公其勉之䮎是時殊未以爲然今知其所

畫乃元昊也皆如其言也四人夏守贇殿陳執中張觀康定元年二月守贇加節度罷爲南院殿執中觀各守本官罷

石曼卿喜豪飲與布衣劉潛爲友嘗通判海州劉潛來訪之曼卿迎之於石闥堰與潛劇飲中夜酒欲竭顧船中有醋斗餘乃傾入酒中併飲之至明日酒醋俱盡每與客痛飲露髮跣足着械而坐謂之囚飲飲于木杪謂之巢飲以槀束之引首出飲復就束謂之鼈飲其狂縱大率如此廨後爲一菴常卧其間名之曰捫蝨菴未嘗一日不

醉仁宗愛其才嘗對輔臣言欲其戒酒延年聞之因不飲遂成疾而卒

工部胡侍郎則爲邑日丁晉公爲遊客見之胡待之甚厚丁因投詩索米明日胡延晉公常日所用樽罍悉屏去但陶器而已丁失望以爲厭已遂辭去胡往見之出銀一篋遺丁曰家素貧唯此飲器願以贐行丁始諭設陶器之因甚愧德之後晉公驟達極力推挽卒至顯位慶曆中諫官李兢坐言事謫湖南物務內殿承制范亢爲黃蔡

閒都監以言事官坐謫後多至顯官乃悉
傾家物與兢辦行兢至湖南少日遂卒前
輩有言人不可有意有意即差事固不可
前料也

朱壽昌刑部朱侍郎巽之子其母微壽昌流
落貧家十餘歲方得歸遂失母所在壽昌
哀慕不已及長乃解官訪母遍走四方備
歷艱難見者莫不憐之聞佛書有水懺者
其說謂欲見父母者誦之當獲所願壽昌
乃晝夜誦持仍刺血書懺摹版印施於人

唯願見母歷年甚多忽一日至河中府遂得其母相持慟絕感動行路乃迎以歸事母至孝復出從仕今爲司農少卿士人爲之傳者數人丞相荆公而下皆有朱孝子詩數百篇

朝士劉廷式本田家鄰舍翁甚貧有一女約與廷式爲婚後契闊數年廷式讀書登科歸鄉閭訪鄰翁而翁已死女因病雙瞽家極困餓廷式使人申前好而女子之家辭以疾仍以傭耕不敢姻士大夫廷式堅不

可與翁有約豈可以翁死子疾而背之卒
與成婚閨門極雍睦其妻相攜而後能行
凡生數子廷式嘗坐小譴監司欲逐之嘉
其有美行遂爲之闊略其後廷式管幹江
州太平宮而妻死哭之極哀蘇子瞻愛其
義爲文以美之

柳開少好任氣大言凌物應舉時以文章投
主司於簾前凡千軸載以獨輪車引試日
衣襴自擁車以入欲以此駭衆取名時張
景能文有名唯袖一書簾前獻之主司大

稱賞擢景優等時人爲之語曰柳開千軸不如張景一書

古迂陳氏家藏夢溪筆談卷九

五十三

古迂陳氏家藏夢溪筆談卷十

沈括　存中述

人事二

蔣堂侍郎爲淮南轉運使日屬縣例致賀冬至書皆投書即還有一縣令使人獨不肯去須責回書左右諭之皆不聽以至呵逐亦不去曰寧得罪不得書不敢回邑時蘇子美在坐頗駭怪曰皁隷如此野很其令可知蔣曰不然沈必健者能使人不敢慢其命令如此乃爲一簡答之方去子美歸

吳中月餘得蔣書曰縣令果健者遂爲之延譽後卒爲名臣或云乃大章閣待制杜杞也

國子博士李餘慶知常州强於政事果於去惡凶人惡吏畏之如神末年得疾甚困有州醫博士多過惡常懼爲餘慶所發因其困進利藥以毒之服之洞泄不已勢已危餘慶察其姦使人扶舁坐廳事召醫博士杖殺之然後歸卧未及席而死葬於横山人至今畏之過墓者皆下有病瘧者取墓

士著牀席間輙差其敬憚之如此

盛文肅爲尚書右丞知揚州簡重少所許可時夏有章自建州司戸參軍授鄭州推官過揚州文肅驟稱其才雅明日置酒召之人有謂有章曰盛公未嘗燕過客甚器重者方召一飯有章荷其意別日爲一詩謝之至客次先使人持詩以入公得詩不發封即還之使人謝有章曰度已衰老無用此詩不復得見有章殊不意往見通判刁繹具言所以繹亦不諭其由曰府公性多

忤詩中得無激觸否有章曰無未曾發封
又曰無乃筆扎不嚴曰有章自書極嚴謹
曰如此必是將命者有所忤耳乃往見文
肅而問之夏有章今日獻詩何如公曰不
曾讀已還之繹曰公始待有章甚厚今乃
不讀其詩何也公曰始見其氣韻清修謂
必遠器今封詩乃自稱新圃田從事得一
幕官遂爾輕脫君但觀之必止於此官志
已滿矣切記之他日可驗賈文元時爲參
政與有章有舊乃薦爲館職有詔候到任

一年召試明年除館閣校勘御史發其舊
事遂寢奪改差國子監主簿仍帶鄭州推
官未幾卒於京師文肅閣人物多多如此不復挾他術

林逋隱居杭州孤山常畜兩鶴縱之則飛入
雲霄盤旋久之復入籠中逋常泛小艇遊
西湖諸寺有客至逋所居則一童子出應
門延客坐爲開籠縱鶴良久逋必棹小船
而歸蓋嘗以鶴飛爲驗也逋高逸倨傲多
所學唯不能棊常謂人曰逋世間事皆能
之唯不能擔糞與着棊

慶曆中有近侍犯法罪不至死執政以其情重請殺之范希文獨無言退而謂同列曰諸公勸　人主法外殺近臣一時雖快意不宜教手滑諸公黙然

景祐中審刑院斷獄有使臣何次公具獄主判官方進呈　上忽問此人名次公者何義主判官不能對是時龐莊敏爲殿中丞審刑院詳議官從官長上殿乃越次對曰臣嘗讀前漢書黄霸字次公蓋以霸次王也此人必慕黄霸之爲人　上頷之異日

復進讞　上顧知院官問曰前時姓龐詳議官何故不來知院對任蒲已出外官上遽指揮中書與在京差遣除三司檢法官俄擢三司判官慶曆中遂入相

古迂陳氏家藏夢溪筆談卷十

古迂陳氏家藏夢溪筆談卷十一

沈括 存中述

官政一

世稱陳恕爲三司使改茶法歲計幾增十倍余爲三司使時考其籍蓋自景德中北戎入寇之後河北糴便之法蕩盡此後茶利十喪其九恕在任值北虜講解商人頓復歲課遂增雖云十倍之多考之尚未盈舊額至今稱道蓋不虞之譽也

世傳算茶有三說法最便三說者皆謂見錢

為一說犀牙香藥為一說茶為一說深不然也此乃三分法其謂緣邊入納粮草其價折為三分一分支見錢一分折犀象雜貨一分折茶爾後又有并折鹽為四分法更改不一皆非三說也余在三司求得三說舊案三說者乃是三事博糴為一說便糴為一說直便為一說其謂之博糴者極邊粮草歲入必欲足常額每歲自三司抛數下庫務先封樁見錢緊便錢緊茶鈔（緊便錢謂水路商旅所便處緊茶鈔謂上三山場榷務）然後召人入中

使糴者次邊粮草商人先入中粮草乃詣京師筭請慢便錢慢茶抄及雜貨（慢便錢謂道路）（貨易非便覔慢茶鈔謂下三山場榷務）直便者商人取便於緣邊入納見錢於京師請領三說先博糴數足然後聽便糴及直便以此商人競趨爭先赴極邊博糴故邊粟常先足不爲諸郡分裂粮草之價不能翔踊諸路稅課亦皆盈衍此良法也余在三司方欲講求會左遷不果建議

延州故豐林縣城赫連勃勃所築至今謂之

赫連城緊密如石劚之皆火出其城不甚厚但馬面極長且密予親使人步之馬面皆長四丈相去六七丈以其馬面密則城不須太厚人力亦難兼也余曾親見攻城若馬面長則可反射城下攻者兼密則矢石相及敵人至城下則四面矢石臨之須使敵人不能到城下乃爲良法今邊城雖厚而馬面極短且踈若敵人可到城下則城雖厚終爲危道其間更多刓其角謂之團敵此尤無益全藉倚樓角以發矢石以

覆護城脚但使敵人備處多則自不可存立赫連之城深可爲法也

劉晏掌南計數百里外物價高下即日知之人有得晏一事余在三司時嘗行之于東南每歲發運司和糴米于郡縣未知價之高下須先具價申禀然後視其貴賤貴則寡取賤則取盈盡得郡縣之價方能契數行下比至則粟價已增所以常得貴售晏法則令多粟通途郡縣以數十歲糴價與所糴粟數高下各爲五等具籍于主者今屬

發運司糴價纔定更不申稟即時廪收但第
一價則糴第五數第五價即糴第一數第
二價則糴第四數第四價即糴第二數乃
即馳遞報發運司如此糴賤之地自糴盡
極數其餘節級各得其宜已無極售發運
司仍會諸郡所糴之數計之若過於多則
損貴與遠者尚少則增賤與近者自此糴
價未嘗失時各當本處豐儉即日知價信
皆有術

舊校書官多不恤職事但取舊書以墨漫一

字復注舊字於其側以為日課自置編校
局只得以朱圍之仍於卷末書校官姓名
五代方鎮割據多於舊賦之外重取於民國
初悉皆蠲正税額一定其間有或重輕未
均處隨事均之福歙州税額大重福州則
令以錢二貫五百折納絹一疋歙州輸官
之絹止重數兩太原府輸賦全除乃以減
價糶糴補之後人往往疑福歙折絹大貴
太原折米太賤蓋不見當時均賦之意也
夏秋沿納之物如鹽麴錢之類名件煩碎慶

曆中有司建議併合歸一名以省帳鈔程
文簡爲三司使獨以謂仍舊爲便若没其
舊名異日不知或再數疉翻則致重複此
亦善慮事也

近歲邢壽兩郡各斷一獄用法皆誤爲刑曹
所駁壽州有人殺妻之父母昆弟數口州
司以不道緣坐妻子刑曹駁曰毆妻之父
母即是義絶況其謀殺不當復坐其妻邢
州有盜殺一家其夫婦即時死唯一子明
日乃死其家財産戶絶法給出嫁親女刑

曹駁曰其家父母死時其子尚生財産乃予物出嫁親女乃出嫁姊妹不合有分此二事略同一失於生者一失於死者

深州舊治靖安其地鹻滷不可藝植井泉悉是惡滷景德中議遷州時傅潛家在李晏乃奏請遷州于李晏今深州是也土之不毛無以異於舊州鹽鹻殆與土半城郭朝補暮壞至於薪芻亦資於他邑唯胡盧水粗給居民然原自外來亦非邊城之利舊州之北有安平饒陽兩邑田野饒沃人物

繁庶正當徐村之口與祁州永寧犬牙相望不移州于此而恤其私利亟城李晏者潛之罪也

律云免官者三載之後降先品二等敘免所居官及官當者朞年之後降先品一等敘降先品者謂免官二官皆免則從未降之品降二等敘之免所居官及官當止一官故降未降之品一等敘之令敘官乃從見存之官更降一等者誤曉律意也

律累降雖多各不得過四等此止法者不徙

爲之蓋有所礙不得不止據律更犯有歷
任官者仍累降之所降雖多各不得過四
等注各謂二官各降不在通計之限二官
謂職事官散官衛官爲一官勲官爲一官
二官各四等不得通計乃是共降八等而
止余考其義蓋除名敘法正四品於正七
品下敘從四品於正八品上敘即是降先
品九等免官官當若降五等則反重於除
名此不得不止也此律令雖不用然用法
者須知立法之意則於新格無所柢梧余

檢正刑房公事日曾遍詢老法官無一人
曉此意者
邊城守具中有戰棚以長木抗於女墻之上
大體類敵樓可以離合設之頃刻可就以
備倉卒城樓摧壞或無樓處受攻則急張
戰棚以臨之梁侯景攻臺城爲高樓以臨
城城上亦爲樓以拒之使壯士交槊鬬于
樓上亦近此類預備敵人非倉卒可致近
歲邊臣有議以謂旣有敵樓則戰棚悉可
廢省恐講之未熟也

鞫眞卿守潤州民有鬭毆者本罪之外別令
先毆者出錢以與後應者小人靳財兼不
憤輸錢于敵人終日紛争相視無敢先下
手者

曹州人趙諫嘗爲小官以罪廢唯以録人陰
事控制閭里無敢迕其意者人畏之甚於
寇盜官司亦爲其羈紲俯仰取容而已兵
部員外郎謝濤知曹州盡得其凶迹逮繫
有司具前後巨蠹狀奏列章下御史府按
治姦贓狼籍遂論弃市曹人皆相賀因此

有告不干己事法著于敕律

驛傳舊有三等曰步遞馬遞急脚遞急脚遞最遽日行四百里唯軍興則用之熙寜中又有金字牌急脚遞如古之羽檄也以木牌朱漆黄金字光明眩目過如飛電望之者無不避路日行五百餘里有軍前機速處分則自御前發下三省樞密院莫得與也

皇祐二年吳中大饑殍殣枕路是時范文正領浙西發粟及募民存餉爲術甚備吳人

喜競渡好爲佛事希文乃縱民競渡太守
日出宴于湖上自春至夏居民空巷出遊
又召諸佛寺主首諭之曰饑歲工價至賤
可以大興土木之役於是諸寺工作鼎興
又新敖倉吏舍日役千夫監司奏劾杭州
不恤荒政嬉遊不節及公私興造傷耗民
力文正乃自條敘所以宴遊及興造皆欲
以發有餘之財以惠貧者貿易飲食工技
服力之人仰食於公私者日無慮數萬人
荒政之施莫此爲大是歲兩浙唯杭州晏

然民不流徙皆文王之惠也歲飢發司農之粟募民興利近歲遂著爲令既已恤饑因之以成就民利此先王之美澤也

凡師行因粮於敵最爲急務運粮不但多費而勢難行遠余嘗計之人負米六斗卒自攜五日乾粮人餉一卒一去可十八日米六斗人食日二升二人食之十八日盡若計復回只可進九日二人餉一卒一去可二十六日米一石二斗三人食日六升八日則一夫所負已盡給六日粮遣回後十八日二人食日四升并粮若計復回止可進十三日前八日日食六升後五日日并回程日

〔食四升并糧〕三人餉一卒十一去可三十一日〔米一石八斗前六日半四人食日八升減一夫給四日糧十七日三人食日六升又減一夫給九日糧後十八日二人食日四升并糧〕計復回止可進十六日〔前六日半日食八升中七日日食六升後十一日并回程日食四升并糧〕三人餉一卒極矣若與師十萬輜重三之一止得駐戰之卒七萬人已用三十萬人運糧此外難復加矣〔放回運大須有援卒緣運行死亡疾病人數稍減且以所減之食准援卒所費〕運糧之法人負六斗此以揔數率之也其間隊長不負樵汲減半所餘皆均在衆夫更有死亡疾病者所負

之米又以均之則人所負常不啻六斗矣
故軍中不容冗食一夫冗食二三人餉之
尚或不足若以畜乘運之則驢負三石馬
騾一石五斗驢一石比之人運雖負多而
費寡然芻牧不時畜多瘦死一畜死則并
所負弃之較之人負利害相半
忠萬間夷人祥符中嘗寇掠邊臣苟務懷來
使人招其酋長禄之以券粟自後有傚而
爲之者不得已又以券招之其間紛爭者
至有自陳若某人纔殺掠若干人遂得一

券我凡殺兵民數倍之多豈得亦以一券見給互相計校爲寇甚者則受多券熙寧中會之前後凡給四百餘券子孫相承世世不絶因其爲盜悉誅鉏之罷其舊券一切不與自是夷人畏威不復犯塞

慶曆中河決北都商胡久之未塞三司度支副使郭申錫親往董作凡塞河決垂合中間一埽謂之合龍門功全在此是時屢塞不合時合龍門埽長六十步有水工高超者獻議以謂埽身太長人力不能壓埽不

至水底故河流不斷而繩纜多絕今當以六十步爲三節每節埽長二十步中間以索連屬之先下第一節待其至底穴壓第二第三舊工爭之以爲不可云二十步埽不能斷漏徒用三節所費當倍而決不塞超謂之曰第一埽水信未斷然勢必殺半壓第一埽止用半力水縱未斷不過小漏耳第三節乃平地施工足以盡人力處置三節既定即上兩節自爲濁泥所淤不煩人功申錫主前議不聽超說是時賈魏公

帥北門獨以超之言爲然陰遣數千人於
下流收漉流埽旣定而埽果流而河決愈
其申錫坐謫卒用超計商胡方定

鹽之品至多前史所載夷狄閒自有十餘種
中國所出亦不減數十種今公私通行者
四種一者末鹽海鹽也河北京東淮南兩
浙江南東西荆湖南北福建廣南東西十
一路食之其次顆鹽解州鹽澤及晉絳潞
澤所出京畿南京京西陝西河東褎劍等
處食之又次井鹽鑿井取之益梓利夔四

路食之又次壓鹽生於土屋之間階成鳳
等州食之唯陝西路顆鹽有定課歲爲錢
二百三十萬緡自餘盈虛不常大約歲入
二千餘萬緡唯末鹽歲自抄三百萬供河
北邊糴其他皆給本處經費而已緣邊糴
買仰給於度支者河北則海末鹽河東陝
西則顆鹽及蜀茶爲多運鹽之法凡行百
里陸運斤四錢船運斤一錢以此爲率
太常博士李處厚知廬州慎縣嘗有毆人死
者處厚往驗傷以糟胾灰湯之類薄之都

無傷迹有一老父求見曰邑之老書史也知驗傷不見其迹此易辨也以新赤油繖日中覆之以水沃其屍其迹必見處厚如其言傷迹宛然自此江淮之間官司往往用此法

錢塘江錢氏時爲石隄隄外又植大木十餘行謂之滉柱寶元康定間人有獻議取滉柱可得良材數十萬杭帥以爲然既而舊木出水皆朽敗不可用而滉柱一空石隄爲洪濤所激歲歲摧決蓋昔人埋柱以折

其怒埶不與水爭力故江濤不能爲患杜
偉長爲轉運使人有獻說自浙江稅場以
東移退數里爲月隄以避怒水衆水工皆
以爲便獨一老水工以爲不然密諭其黨
曰移隄則歲無水患若曹何所衣食衆人
樂其利乃從而和之偉長不悟其計費以
鉅萬而江隄之害仍歲有之近年乃講月
隄之利濤害稍稀然猶不若滉柱之利然
所費至多不復可爲

陝西顆鹽舊法官自搬運置務拘賣兵部員

外郎范祥始爲鈔法令商人就邊郡入錢
四貫八百售一鈔至解池請鹽二百斤任
其私賣得錢以實塞下省數十郡般運之
勞異日輦車牛驢以鹽役死者歲以萬計
冒禁抵罪者不可勝數至此悉免行之既
久鹽價時有低昂又於京師置都鹽院陝
西轉運司自遣官主之京師食鹽斤不足
三十五錢則斂而不發以長鹽價過四十
則大發庫鹽以壓商利使鹽價有常而鈔
法有定數行之數十年至今以爲利也

河北鹽法　太祖皇帝嘗降墨敕聽民間貿販唯收稅錢不許官榷其後有司屢請閉固　仁宗皇帝又有批詔云朕終不使河北百姓常食貴鹽獻議者悉罷遣之河北父老皆掌中掬灰藉火焚香望闕歡呼稱謝熙寧中復有獻謀者余時在三司求訪兩朝墨敕不獲然人人能誦其言議亦竟寑

古迂陳氏家藏夢溪筆談卷十一

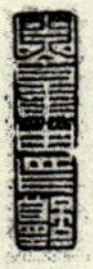

古迂陳氏家藏夢溪筆談卷十二

沈　括　存中述

官政二

淮南漕渠築埭以畜水不知始於何時舊傳召伯埭謝公所爲按李翺來南録唐時猶是流水不應謝公時已作此埭天聖中監眞州排岸司右侍禁陶鑑始議爲復閘節水以省舟船過埭之勞是時工部郎中方仲荀文思使張綸爲發運使副表行之始爲眞州閘歲省冗卒五百人雜費百二十

五萬[illegible]舊[illegible]汯舟載米不過三[illegible]百石謂成
始爲四百石船其後所載浸多官船至七
百石私船受米八百餘囊囊二石自後北
神召伯龍舟萊萸諸埭相次廢革至今爲
利余元豐中過眞州江亭後糞壤中見一
臥石乃胡武平爲水閘記略敘其事而不
甚詳具

張杲卿丞相知潤州日有婦人夫出外數日
不歸忽有人報菜園井中有死人婦人驚
往視之號哭曰吾夫也遂以聞官公令屬

官集鄰里就井驗是其夫與非衆皆以井深不可辨請出屍驗之公曰衆皆不能辨婦人獨何以知其爲夫收付所司鞫問果姦人殺其夫婦人與聞其謀

慶曆中議弛茶鹽之禁及減商稅范文正以爲不可茶鹽商稅之入但分減商賈之利耳行於商賈未甚有害也今國用未減歲入不可闕既不取之於山澤及商賈須取之於農與其害農孰若取之於商賈今爲計莫若先省國用國用有餘當先寬賦役

然後及商賈弛禁米所當先也共議遂寢
真宗皇帝南循日開封府十七縣皆以歲旱
放稅即有飛語聞　上欲有所中傷　太
宗不悅御史探　上意皆[illegible]路章言開封府
放稅過實有旨下京東西兩路諸州選官
覆按內亳州當按太康咸平兩縣是時曾
會知亳州王冀公在幕下曾愛其識度嘗
以公相期之至是遣冀公行仍戒之曰此
行所繫事體不輕不宜小有高下冀公至
兩邑按行甚詳其餘抗言放稅過多追收

所糺物而龔公獨乞全放人皆危之明年

真宗即位首擢龔公爲右正言仍謂輔臣

曰當此之時朕亦自危懼欽若小官敢獨

爲百姓伸理此大臣節也自後進用超越

卒至入相

國朝初平江南歲鑄錢七萬貫自後稍增廣

至天聖中歲鑄一百餘萬貫慶曆閒至三

百萬貫熙寧六年以後歲鑄銅鐵錢六百

餘萬貫

天下吏人素無常禄唯以受賕爲生往往致

富者熙寧三年始制天下吏祿而設重法
以絕請託之弊是歲京師諸司歲支吏祿
錢三千八百三十四貫二百五十四歲歲
增廣至熙寧八年歲支三十七萬一千五
百三十三貫一百七十八自後增損不常
皆不過此數京師舊有祿者及天下吏祿
皆不預此數

國朝茶利除官本及雜費外淨入錢禁榷時
取一年最中數計一百九萬四千九十三
貫八百八十五內六十四萬九千六十九

貫茶淨利賣茶嘉祐二年收十六万四百三十一貫五百二十七除元本及雜貫外得淨利十万六千九百五十七貫六百八十五客茶交引錢嘉祐三年除元本及雜貫外得淨利五十四万二千一百一十一貫五百二十四四十四

萬五千二十四貫六百七十茶稅錢最中嘉祐元年所收數除川茶錢在外通商後來取一年最中數

計一百一十七萬五千一百四貫九百一

十九錢內三十六萬九千七十二貫四百

七十一錢茶租嘉祐四年通商立定茶交引錢六十八万四千三百二十一貫三百八十後累經減放至治平二年最中分收上數八十萬六

千三十二貫六百四十八錢茶稅最中治平二年

除川茶税錢外會此数

本朝茶法乾德二年始詔在京建州漢蘄口各置榷貨務五年始禁私賣茶從不應爲情理重太平興國二年删定禁法條貫始立等科罪淳化二年令商賈就園戶買茶公於官場貼射始行貼射法淳化四年初行交引罷貼射法西北入粟給交引自通利軍始是歲罷諸處榷貨務尋復依舊至咸平元年茶利錢以一百三十九萬二千一百一十九貫三百一十九爲額至嘉祐

三年凡六十一年用此額官本雜費皆在
内中閒時有增虧歲入不常咸平五年三
司使王嗣宗始立三分法以十分茶價四
分給香藥三分犀象三分茶引六年又改
支六分香藥犀象四分茶引景德二年許
人入中錢帛金銀謂之三說至祥符九年
茶引益輕用知秦州曹瑋議就永興鳳翔
以官錢收買客引以救引價前此累增加
饒錢至天禧二年鎮戎軍納大麥一斗本
價通加饒共支錢一貫二百五十四乾興

元年改三分法支茶引三分東南見錢二
分半香藥四分半天聖元年復行貼射法
行之三年茶利盡歸大商官場但得黃晚
惡茶乃詔孫奭重議罷貼射法明年推治
元議省吏計覆官旬獻等皆決配沙門島
元詳定樞密副使張鄧公參知政事呂許
公魯肅簡各罰俸一月御史中丞劉筠入
內內待省副都知周文質西上閤門使薛
昭廓三部副使各罰銅二十斤前三司使
李諮落樞密直學士依舊知洪州皇祐三

年筭茶依舊只用見錢至嘉祐四年二月

五日降敕罷茶禁

國朝六榷貨務十三山場都賣茶歲一千五

十三萬三千七百四十七斤半祖額錢二

百二十五萬四千四十七貫一十其六榷

貨務取最中嘉祐六年抛占茶五百七十

三萬六千七百八十六斤半祖額錢一百

九十六萬四千六百四十七貫二百七十

八荆南府祖額錢三十一萬五千一百四

十八貫三百七十五受納潭鼎澧岳歸峽

州荆南府片散茶共八十七萬五千三百
五十七斤漢陽軍祖額錢二十一萬八千
三百二十一貫五十一受納鄂州片茶二
十三萬八千三百斤半蘄州蘄口祖額錢
三十五萬九千八百三十九貫八百一十
四受納潭建州興國軍片茶五十萬斤無
爲軍祖額錢三十四萬八千六百二十貫
四百三十受納潭筠袁池饒建歙江洪州
南康興國軍片散茶共八十四萬二千三
百三十三斤真州祖額錢五十一萬四千

二十二貫九百三十二受納潭袁池饒歙
建撫筠宣江吉洪州興國臨江南康軍片
散茶共二百八十五萬六千二百六斤海
州祖額錢三十萬八千七百三貫六百七
十六受納睦湖杭越衢温婺台常明饒歙
州片散茶共四十二萬四千五百九十斤
十三山場祖額錢共二十八萬九千三百
九十九貫七百三十二共買茶四百七十
九萬六千九百六十一斤光州光山場買
茶三十萬七千二百十六斤賣錢一萬二

千四百五十六貫子安場買茶二十二萬八千三十斤賣錢一萬三千六百八十九貫三百四十八商城場買茶四十萬五百五十三斤賣錢二萬七千七十九貫四百四十六壽州麻步場買茶三十三萬一千八百三十三斤賣錢三萬四千八百一十一貫三百五十霍山場買茶五十三萬二千三百九斤賣錢三萬五千五百九十五貫四百八十九開順場買茶二十六萬九千七十七斤賣錢一萬七千一百三十貫

廬州王同場買茶二十九萬七千三百二
十八斤賣錢一萬四千三百五十七貫六
百四十二黄州麻城場買茶二十八萬四
千二百七十四斤賣錢一萬二千五百四
十貫舒州羅源場買茶一十八萬五千八
十二斤賣錢一萬四百六十九貫七百八
十五大湖場買茶八十二萬九千三十二
斤賣錢三萬六千九十六貫六百八十文
州洗馬場買茶四十萬斤賣錢二萬六千
三百六十貫王祺場買茶一十八萬二千

二百二十七斤賣錢一萬一千九百五十
三貫九百九十二石橋場買茶五十五萬
斤賣錢三萬六千八十貫
發運司歲供京師米以六百萬石爲額淮南
一百三十萬石江南東路九十九萬一千
一百石江南西路一百二十萬八千九百
石荆湖南路六十五萬石荆湖北路三十
五萬石兩浙路一百五十萬石通餘羨歲
入六百二十萬石
熙寧中廢併天下州縣迄八年凡廢州軍監

三十一儀滑慈鄭集萬乾儋南儀復蒙春
陵富遂寶壁梅漢陽通利寧化光化清平
永康荆門廣濟高郵江陰富順漣水宣化
發縣一百二十七晉州趙城杭州南新普州普康
磁州昭德華州渭南德州德平陵州貴平籍縣忠州桂溪
兖州鄒縣廣州信民四會陜府胡城峽石河中河西永樂巴
州上盤其章坊州昇平春州銅陵北京大名洹水經城永濟莫
州鄭長豐梧州戎城邛州臨溪梓州永泰河陽汜水滄
州饒安臨津融州武陽羅城象州武化歸州興山汝州龍興
懷州脩武武陟道州營道慶州樂蟠華池瀛州東城景城順

安高陽澶州頓丘洛州曲周臨洺丹州雲岩汾川潞州黎城
瓊州舍城火山火山横州永定宜州古陽礼丹金城述昆汾
州孝義延州金明豐林延水太原平晉隨州光化邢州堯山
任縣平鄉秦州長道達州三山石鼓蜀楊州廣陵趙州栢平
栢鄉賛皇雅州百丈榮經祁州保澤同州夏陽嘉州平羌河
南洛陽福昌潁陽緱氏伊闕濵州相安慈州文城吉鄉成都犀浦
戎州宜賓綿州高昌榮州公井寧化寧化乾寧乾寧眞
定靈壽井陘荊南建寧支江辰州麻陽招化陳州南頓桂州
脩仁永寧安州雲夢忻州定襄劍門關劍門漢陽漢川恩
州清陽熙州狄道河州枹罕衛州新鄉衛渝州南川虢

州玉城果州流溪利州平蜀許州許田岢嵐嵐石蓬州

遂山良山龔州新珂涪州温山閬州晉安岐平復州王涉潤

州延陵

古迂陳氏家藏夢溪筆談卷十二

古迂陳氏家藏夢溪筆談卷十三

沈括 存中述

權智

陵州鹽井深五百餘尺皆石也上下甚寛廣獨中間稍狹謂之杖鼓腰舊自井底用柏木爲榦上出井口自木榦垂綆而下方能至水井側設大車絞之歲久井榦摧敗屢欲新之而井中隂氣襲人入者輙死無緣措手惟候有雨入井則隂氣隨雨而下稍可施工雨晴復止後有人以一木盤滿中

貯水盤底爲小竅灑水一如雨點設於井上謂之雨盤令水下終日不絶如此數月井榦爲之一新而陵井之利復舊

丗人以竹木牙骨之類爲叫子置人喉中吹之能作人言謂之顙叫子嘗有病瘖者爲人所苦煩寃無以自言聽訟者試取叫子令顙之作聲如傀儡子粗能辨其一二其寃獲申此亦可記也

莊子曰畜虎者不與全物生物此爲誠言嘗有人善調山鷓使之鬭莫可與敵人有得

其術者每食則以山鵰皮裹肉哺之久之望見其鵰則欲搏而食之此以所養移其性也

寶元中党項犯塞時新募萬勝軍未習戰陳遇寇多北狄青爲將一日盡取萬勝旗付虎翼軍使之出戰虜望其旗易之全軍徑趨爲虎翼所破殆無遺類又青在涇原嘗以寡當衆度必以奇勝預戒軍中盡捨弓弩皆執短兵器令軍中聞鉦一聲則止再聲則嚴陣而陽却鉦聲止則大呼而突之

士卒皆如其教纔遇敵未接戰遽聲鉦士卒皆止再聲皆却虜人大笑相謂曰孰謂狄天使勇時虜人謂青爲天使鉦聲止忽前突之虜兵大亂相蹂踐死者不可勝計也

狄青爲樞密副使宣撫廣西時儂智高守崑崙關青至賓州值上元節令大張燈燭首夜燕將佐次夜燕從軍官三夜饗軍校首夜樂飲徹曉次夜二鼓時青忽稱疾暫起如内久之使人諭孫元規令暫主席行酒

少服藥乃出數使人勸勞座客至曉各未
敢退忽有馳報者云是夜三鼓青已奪崑
崙矣

曹南院知鎭戎軍日嘗出戰小捷虜兵引去
瑋偵虜兵去已遠乃驅所掠牛羊輜重緩
驅而還頗失部伍其下憂之言於瑋曰牛
羊無用徒縻軍不若弃之整衆而歸瑋不
答使人候虜兵去數十里聞瑋利牛羊而
師不整還襲之瑋愈緩行得地利處乃止
以待之虜軍將至迎使人謂之曰蕃軍遠

來必甚疲我不欲乘人之怠請休憩士馬少選決戰虜方苦疲甚皆欣然嚴軍歇良久瑋又使人諭之歇定可相馳矣於是各鼓軍而進一戰大破虜師遂弃牛羊而還徐謂其下曰吾知虜已疲故爲貪利以誘之比其復來幾行百里矣若乘鋭便戰猶有勝負遠行之人若小憩則足痺不能立人氣亦闌吾以此取之

余友人有任術者嘗爲延州臨真尉攜家出宜秋門是時茶禁甚嚴家人懷越茶數斤

稠人中馬驚茶忽墜地其人陽驚回身以
鞭指城門鴟尾市人莫測皆隨鞭所指望
之茶囊已碎于埃壤矣監司聳使治地訟
其地多山嶮不可登由此數爲訟者所欺
乃呼訟者告之曰吾不忍盡爾當貫爾半
爾所有之地兩畝止供一畝慎不可欺欺
則盡覆入官矣民信之盡其所有供半既
而指一處覆之文致其參差處責之曰我
戒爾無得欺何爲見負今盡入爾田矣凡
供一畝者悉作兩畝收之更無一犂得隱

若其權數多此類其爲人强毅恢廓亦一
時之豪也

王元澤數歲時客有以一麞一鹿同籠以問
雱何者是麞何者爲鹿雱實未識良久對
曰麞邊者是鹿鹿邊者是麞客大奇之

濠州定遠縣一弓手善用矛遠近皆伏其能
有一偷亦善擊刺常蔑視官軍唯與此弓
手不相下曰見必與之決生死一日弓手
者因事至村步適值偷在市飲酒埶不可
避遂曳矛而鬬觀者如堵墻久之各未能

進弓手者怱謂倫曰尉至矣我與爾皆健者汝敢與我尉馬前決生死乎倫曰喏弓手應聲刺之一舉而斃蓋乘其隙也又有人曾遇强寇鬭矛刃方接寇先含水滿口怱噀其面其人愕然刃已揕胷後有一壯士復與寇遇已先知噀水之事寇復用之水纔出口矛已洞頸蓋已陳芻狗其機已泄恃勝失備反受其害

陝西因洪水下大石塞山澗中水遂横流爲害石之大有如屋者人力不能去州縣患

之雷簡夫爲縣令乃使人各於石下穿一
穴度如石大挽石入穴窖之水患遂息也
熙寧中高麗入貢所經州縣悉要地圖所至
皆造送山川道路形勢險易無不備載至
楊州牒州取地圖是時丞相陳秀公守揚
紿使者欲盡見兩浙所供圖倣其規模供
造及圖至都聚而焚之具以事聞
狄青戍涇原日嘗與虜戰大勝追奔數里虜
忽壅遏山踊知其前必遇險士卒皆欲奮
擊青遽鳴鉦止之虜得引去驗其處果臨

深潤將佐皆悔不擊青獨曰不然奔亡之
虜忽止而拒我安知非謀軍已大勝殘寇
不足利得之無所加重萬一落其術中存
亡不可知寧悔不擊不可悔不止青後平
嶺寇賊帥儂智高兵敗奔邕州其下皆欲
窮其窟穴青亦不從以謂趨利乘勢入不
測之城非大將軍智高因而獲免天下皆
罪青不入邕州脫智高於垂死然青之用
兵主勝而已不求奇功故未嘗大敗計功
最多卒為名將譬如弈棊已勝敵可止矣

然猶攻擊不已往往大敗此青之所戒也
臨利而能戒乃青之過人處也
瓦橋關北與遼人爲鄰素無關河爲阻往歲
六宅使何承矩守瓦橋始議因陂澤之地
瀦水爲塞欲自相視恐其謀泄日會僚佐
汎船置酒賞蓼花作蓼花遊數十篇令座
客屬和畫以爲圖傳至京師人莫喻其意
自此始壅諸淀慶曆中內侍楊懷敏復踵
爲之至熙寧中又開徐村柳莊等濼皆以
徐鮑沙唐等河叫猴雞距五眼等泉爲之

原東合滹沱漳淇易白等水并大河於是
自保州西北沈遠濼東盡滄州泥枯海口
幾八百里悉爲瀦潦闊者有及六十里者
至今倚爲藩籬或謂侵蝕民田歲失邊粟
之入此殊不然深冀滄瀛間惟大河滹沱
漳水所淤方爲美田淤澱不至處悉是斥
鹵不可種藝異日惟是聚集游民乱鹹煑
鹽頗干鹽禁時爲寇盜自爲瀦濼姦鹽遂
少而魚蟹菰葦之利人亦賴之
浙帥錢鏐時宣州叛卒五千餘人送款錢氏

納之以爲腹心時羅隱在其幕下屢諫以謂敵國之人不可輕信浙帥不聽杭州新治城壘樓櫓甚盛浙帥攜寮客觀之隱指却敵佯不曉曰設此何用浙帥曰君豈不知欲備敵耶隱謬曰審如是何不向裏設之浙帥大笑曰本欲拒敵設於內何用對曰以隱所見正當設于內耳蓋指宣卒將爲敵也後浙帥巡衣錦城武勇指揮使徐綰許再思挾宣卒爲乱火青山鎮入攻中城賴城中有備綰等尋敗幾於覆國

淳化中李繼捧爲定難軍節度使隂與其弟
繼遷謀叛朝廷遣李繼隆率兵討之繼隆
馳至克胡度河入延福縣自鐵茄驛夜入
綏州謀其所向繼隆欲徑襲夏州或以謂
夏州賊帥所在我兵少恐不能克不若先
據石堡以觀賊埶繼隆以爲不然曰我兵
既少若徑入夏州出其不意彼亦未能料
我衆寡若先據石堡衆寡已露豈復能進
乃引兵馳入撫寧縣繼捧猶未知遂進攻
夏州繼捧狼狽出迎擒之以歸撫寧舊治

無定河川中數爲虜所危繼隆乃遷縣於滴水崖在舊縣之北十餘里皆石崖峭拔十餘丈下臨無水今謂之羅兀城者是也熙寧中所治撫寧城乃撫寧舊城耳本道圖牒皆不載唯李繼隆西征記言之甚詳也

熙寧中党項母梁氏引兵犯慶州大順城慶帥遣別將林廣拒守虜圍不解廣使城兵皆以弱弓弩射之虜度其埶之所及稍稍近城乃易强弓勁弩叢射虜多死遂相擁

而潰
蘇州至崑山縣凡六十里皆淺水無陸途民頗病涉久欲為長隄但蘇州皆澤國無處求土嘉祐中人有獻計就水中以蘧蒢芻稾為墻栽兩行相去三尺去墻六丈又為一墻亦如此漉水中淤泥實蘧蒢中候乾則以水車畎去兩墻之間舊水墻間六丈皆土留其半以為隄脚掘其半為渠取土以為隄每三四里則為一橋以通南北之水不日隄成至今為利

李允則守雄州北門外民居極多城中地窄
欲展北城而以遼人通好恐其生事門外
舊有東嶽行宫允則以銀爲大香爐陳於
廟中故不設備一日銀爐爲盜所攘乃大
出募賞所在張牓捕賊甚急久之不獲遂
聲言廟中屢遭寇課夫築墻圍之其實展
北城也不踰旬而就虜人亦不怪之則今
雄州北關城是也大都軍中詐謀未必皆
奇策但當時偶能欺敵而成奇功時人有
語云用得着敵人休用不着自家羞斯言

誠然

陳述古密直知建州浦城縣日有人失物捕得莫知的爲盜者述古乃紿之曰某廟有一鐘能辨盜至靈使人迎置後閣祠之引羣囚立鐘前自陳不爲盜者摸之則無聲爲盜者摸之則有聲述古自率同職禱鐘甚肅祭訖以帷帷之乃陰使人以墨塗鐘良久引囚逐一令引手入帷摸之出乃驗其手皆有墨唯有一囚無墨訊之遂承爲盜蓋恐鐘有聲不敢摸也此亦古之法出

於小說

熙寧中濉陽界中發汴隄淤田汴水暴至隄防頗壞陷將毀人力不可制都水丞侯叔獻時涖其役相視其上數十里有一古城急發汴隄注水入古城中下流遂涸急使人治隄陷次日古城中水盈汴流復行而隄陷已完矣徐塞古城所決內外之水平而不流瞬息可塞衆皆伏其機敏

寶元中党項犯邊有明珠族首領驍悍最爲邊患种世衡爲將欲以計擒之聞其好擊

鼓乃造一馬持戰鼓以銀裹之極華煥密使諜者陽賣之入明珠族後乃擇驍卒數百人戒之曰凡見負銀鼓自隨者併力擒之一日羌酋負鼓而出遂爲世衡所擒又元昊之臣野利常爲謀主守天都山號天都大王與元昊乳母白姥有隙歲除日野利引兵巡邊深涉漢境數宿白姥乘間乃譖其欲叛元昊疑之世衡嘗得蕃酋之子蘇吃曩厚遇之聞元昊嘗賜野利寶刀而吃曩之父得幸于野利世衡因使吃曩竊

野利刀許之以緣邊職任錦袍真金帶吃
曩得刀以還世衡乃唱言野利已爲白姥
譖死設祭境上爲祭文叙歲除日相見之
歡入夜乃火燒紙錢川中盡明虜見火光
引騎近邊窺覘乃佯委祭具而銀器凡千
餘兩悉弃之虜人爭取器皿得元昊所賜
刀及火爐中見祭文已燒盡但存數十字
元昊得之又識其所賜刀遂賜野利死野
利有大功死不以罪自此君臣猜貳以至
不能軍平夏之功世衡計謀居多當時人

未甚知之世衡卒乃録其功贈觀察使

古迂陳氏家藏夢溪筆談卷十三

古迂陳氏家藏夢溪筆談卷十四

沈括　存中述

藝文一

歐陽文忠常愛林逋詩草泥行郭索雲木叫鉤輈之句文忠以謂語新而屬對親切鉤輈鷓鴣聲也李羣玉詩云方穿詰曲崎嶇路又聽鉤輈格磔聲郭索蟹行貌也揚雄太玄曰蟹之郭索用心躁也

韓退之集中羅池神碑銘有春與猨吟兮秋與鶴飛今驗石刻乃春與猨吟兮秋鶴與

飛古人多用此格如楚詞吉日兮辰良又
蕙肴蒸兮蘭藉奠桂酒兮椒漿蓋欲相錯
成文則語埶矯健耳杜子美詩紅飯啄餘
鸚鵡粒碧梧棲老鳳凰枝此亦語反而意
全韓退之雪詩舞鏡鸞窺沼行天馬度橋
亦效此體然稍牽强不若前人之語渾成
也
唐人作富貴詩多紀其奉養器服之盛乃貧
眼所驚耳如貫休富貴曲云刻成箏柱鴈
相挨此下里鬻彈者皆有之何足道哉又

韋楚老蚊詩云十幅紅綃圍夜玉十幅紅綃爲帳方不及四五尺不知如何伸脚此所謂不曾近富兒家

詩人以詩主人物故雖小詩莫不擬𨂍極工而後已所謂旬鍛月鍊者信非虚言小説崔護題城南詩其始曰去年今日此門中人面桃花相映紅人面不知何處去桃花依舊笑春風後以其意未全語未工改第三句曰人面秖今何處在唐人工部詩大率多如此雖有兩今字不恤也取語意爲

主耳後人以其有兩仒字只多行前篇書之闕誤有可見於他書者如詩夭夭是椓後漢蔡邕傳作夭夭是加與速速方穀爲對又彼岨矣岐有夷之行朱浮傳作彼岨者岐有夷之行坊記君子之道譬則坊焉大戴禮君子之道譬猶坊焉夬卦君子以施祿及下居德則忌王輔嗣曰居德而明禁乃以則字爲明字也

音韻之學自沈約爲四聲及天竺梵學入中國其術漸密觀古人諧聲有不可解者如

玖字有字多與李字協用慶字正字多與
章字平字協用如詩或羣或友以燕天子
彼留之子貽我佩玖投我以木李報之以
瓊玖終三十里十千維耦自今而後歲其
有君子有穀貽孫子陟降左右令聞不巳
膳夫左右無不能止魚麗于罶鰋鯉君子
有酒旨且有如此極多又如孝孫有慶萬
壽無疆黍稷稻粱農夫之慶唯其有章矣
是以有慶矣則篤其慶載錫之光我田既
臧農夫之慶萬舞洋洋孝孫有慶易云西

南得朋乃與類行東北喪朋乃終有慶積善之家必有餘慶積不善之家必有餘殃班固東都賦彰皇德兮侔周成永延長兮膺天慶如此亦多今廣韻中慶一音卿然如詩之末見君子憂心怲怲既得君子庶幾式臧誰秉國成卒勞百姓我王不寧覆怨其正亦是怲正與寧平協用不止慶而已恐別有理也

小律詩雖末技工之不造微不足以名家故唐人皆盡一生之業爲之至於字字皆鍊

得之甚難但患觀者減裂則不見其工故不唯爲之難知音亦鮮設有苦心得之者未必爲人所知若字字是皆無瑕可指語音亦撲麗但細論無功景意縱全一讀便盡更無可諷味此類最易爲人激賞乃詩之折楊黄華也譬若三館楷書作字不可謂不精不麗求其佳處到死無一筆此病最難爲醫也

王聖美治字學演其義以爲右文古之字書皆從左文凡字其類在左其義在右如木

類其左皆從木所謂右文者如戔小也水之小者曰淺金之小者曰錢歹而小者曰殘貝之小者曰賤如此之類皆以戔爲義也

王聖美爲縣令時尚未知名謁一達官值其方與客談孟子殊不顧聖美聖美竊哂其所論久之忽顧聖美曰嘗讀孟子否聖美對曰平生愛之但都不曉其義主人問不曉何義聖美曰從頭不曉主人曰如何從頭不曉試言之聖美曰孟子曰見梁惠王

已不曉此語達官深評之曰此有何奥義
聖美曰旣云孟子不見諸侯因何見梁惠
王其人愕然無對
楊大年因奏事論及比紅兒詩大年不能對
甚以爲恨徧訪比紅兒詩終不可得忽一
日見鬻故書者有一小編偶取視之乃比
紅兒詩也自此士大夫始多傳之予按摭
言比紅兒詩乃羅虬所爲凡百篇蓋當時
但傳其詩而不載名氏大年亦偶忘摭言
所載晚唐士人專以小詩著名而讀書滅

裂如白樂天題座隅詩云俱化爲餓殍作
孚字押韻杜牧杜秋娘詩云厭飫不能飴
飴乃餳耳若作飲食當音飲又陸龜蒙作
藥名詩云烏啄蠹根回乃是烏喙非烏啄
也又斷續玉琴哀藥名止有續斷無斷續
此類極多如杜牧阿房宮賦誤用龍見而
雩事宇文時斛斯椿已有此繆蓋牧未嘗
讀周隋書也

往歲士人多尚對偶爲文穆修張景輩始爲
平文當時謂之古文穆張嘗同造朝待旦

于東華門外方論文次適見有奔馬踐死一犬二人各記其事以較工拙穆脩曰馬逸有黄犬遇蹄而斃張景曰有犬死奔馬之下時文體新變二人之語皆拙澀當時已謂之工傳之至今

按史記年表周平王東遷二年魯惠公方即位則春秋當始惠公而始隱故諸儒之論紛然乃春秋開卷第一義也唯啖趙都不解始隱之義學者常疑之唯於纂例隱公下注八字云惠公二年平王東遷若爾則

春秋自合始隱更無可論此啖趙所以不論也然與史記不同不知啖趙得於何書又嘗見士人石端集一紀年書考論諸家年統極爲詳密其敘平王東遷亦在惠公二年余得之甚喜亟問石君云出一史傳中遽撿未得終未見的據史記年表注東遷在平王元年辛未歲本紀中都無說諸侯世家言東遷却盡在庚午歲史記亦自差謬莫知其所的

長安慈恩寺塔有唐人盧宗回一詩頗佳唐

人諸集中不載今記于此東來曉日上翔
鸞西轉蒼龍拂露盤渭水冷光搖藻井玉
峯晴色墮闌竿九重宮闕參差見百二山
河表裏觀暫輟去蓬萊不定一凭金界望
長安

古人詩有風定花猶落之句以謂無人能對
王荆公以對鳥鳴山更幽鳥鳴山更幽本
宋王籍詩元對蟬噪林逾靜鳥鳴山更幽
上下句只是一意風定花猶落鳥鳴山更
幽則上句乃靜中有動下句動中有靜荆

公始爲集句詩多者至百韻皆集合前人之句語意對偶往往親切過於本詩後人稍稍有倣而爲者

歐陽文忠嘗言曰觀人題壁而可知其文章矣

毗陵郡士人家有一女姓李氏方年十六歲頗能詩甚有佳句吴人多得之有拾得破錢詩云半輪殘月掩塵埃依稀猶有開元字想得清光未破時買盡人間不平事又有彈琴詩云昔年剛笑卓文君豈信絲桐

解誤身今日未彈心已亂此心元自不由人雖有情致乃非女子所宜也

退之城南聯句首句曰竹影金鎖碎所謂金鎖碎者乃日光耳非竹影也若題中有日字則曰竹影金鎖碎可也

古迂陳氏家藏夢溪筆談卷十四

古迂陳氏家藏夢溪筆談卷十五

沈括存中述

藝文二

切韻之學本出于西域漢人訓字止曰讀如某字未用反切然古語已有二聲合爲一字者如不可爲叵何不爲盍如是爲爾而已爲耳之乎爲諸之類以西域二合之音蓋切字之原也如輭字文從而犬亦切音也殆與聲俱生莫知從來今切韻之法先類其字各歸其母脣音舌音各八牙音喉

音各四齒音十半齒半舌音二凡三十六分爲五音天下之聲總于是矣每聲復有四等謂清次清濁平也如顚天田年邦胮龐厖之類是也皆得之自然非人爲之如幫字横調之爲五音幫當剛臧央是也幫宮之清當商之清剛角之清臧徵之清央羽之清縱調之爲四等幫滂傍茫是也幫宮之清滂宮之次清傍宮之濁茫宮之不清不濁就本音本等調之爲四聲幫牓傍愽是也幫宮之清平牓宮清之上傍宮清之去愽宮清之入四等之聲多有聲無字者如封峯逢止有三字邕胷止有兩

字諫火欲以皆止有一字五音亦然滂湯康蒼止有四字四聲則有無聲亦有無字者如蕭字肴字全韻皆無入聲此皆聲之類也所謂切韻者上字爲切下字爲韻切須歸本母韻須歸本等切歸本母謂之音和如德紅爲東之類德與東同一母也字有重中重輕中輕本等聲盡汎入別等謂之類隔雖隔等須以其類謂脣與脣類齒與齒類如武延爲綿符兵爲平之類是也韻歸本等如冬與東字母皆屬端字冬乃

端字中第一等聲故都宗切宗字第一等
韻也以其歸精字故精徵音第一等聲東
字乃端字中第三等聲故德紅切紅字第
三等韻也以其歸匣字故匣羽音第三等
聲又有不用借聲類例頗多大都自沈約
爲四聲音韻愈密然梵學則有華竺之異
南渡之後又雜以吳音故音韻厖駁師法
多門至於所分五音法亦不一如樂家所
用則隨律命之本無定音常以濁者爲宫
稍清爲商最清爲角清濁不常爲徵羽切

韻家則定以脣齒牙舌喉爲宫商角徵羽其間又有半徵半商者如來日二字是也皆不論清濁五行家則以韻類清濁參配今五姓是也梵學則喉牙齒舌脣之外又有折攝二聲折聲自臍輪起至脣上發如鈃浮金反字之類是也攝字鼻音如歆字鼻中發之是也字母則有四十二曰阿多波者那囉拖婆茶沙嚩哆也瑟吒二合迦娑麼伽他社鎖呼拖前一拖輕呼此一拖重呼奢佉叉二合娑多二合壤曷攞多二合婆上声車娑麼二合縒伽上声

吒拏婆頗合二婆迦合二也婆合二室者合二佗陀

爲法不同各有理致雖先王所不言然不

害有此理歷世浸久學者日深自當造微

耳

幽州僧行均集佛書中字爲切韻訓詁凡十

六萬字分四卷號龍龕手鏡燕僧智光爲

之序甚有詞辯契丹重熙二年集契丹書

禁甚嚴傳入中國者法皆死熙寧中有人

自虜中得之入傳欽之家蒲傳正帥浙西

取以鏤版其序末舊云重熙二年五月序

蒲公削去之觀其字音韻次序皆有理法

後世殆不以其爲燕人也

古人文章自應律度未以音韻爲主自沈約增崇韻學其論文則曰欲使宮羽相變低昂殊節若前有浮聲則後須切響一簡之内音韻盡殊兩句之中輕重悉異妙達此旨始可言文自後浮巧之語體制漸多如傍蹉對（蹉過反）番千假對雙聲疊韻之類詩又有正格偏格類例極多故有三十四格十九圖四聲八病之類今略舉數事如徐陵

云陪遊馺娑騁纖腰於結風長樂鴛鴦奏
新聲於度曲又云厭長樂之疎鐘勞中宮
之緩箭雖兩長樂意義不同不爲重復此
類爲傍犯如九歌蕙殽蒸兮蘭籍奠桂酒
兮椒漿當曰蒸蕙殽對奠桂酒今倒用之
謂之蹉對如自朱耶之狼狽致赤子之流
離不唯赤對朱耶對子兼狼狽流離乃獸
名對鳥名又如廚人具鷄黍稚子摘楊梅
以鷄對楊如此之類皆爲假對如幾家村
草裏吹唱隔江聞幾家村草對吹唱隔江

皆雙聲如月影侵簪冷江光逼履清侵簪

逼履皆疊韻詩第二字側入謂之正格如

鳳曆軒轅紀龍飛四十春之類第二字平

入謂之偏格如四更山吐月殘夜水明樓

之類唐名賢輩詩多用正格如杜甫律詩

用偏格者十無一二

文潞公保洛日年七十八同時有中散大夫

程眴朝議大夫司馬旦司封郎中致仕席

汝言皆年七十八嘗爲同甲會各賦詩一

首潞公詩曰四人三百十二歲況是同生

丙午年年招得梁園爲賦客合成商嶺採芝
仙清談亹亹風盈席素髮飄飄雪滿肩此
會從來誠未有洛中應作畫圖傳
晚唐五代間士人作賦用事亦有甚工者如
江文蔚天窻賦一竅初啓如鑿開混沌之
時兩耳餘飛類化作鴛鴦之後又士牛賦
飲渚俄臨訝盟津之捧塞度關儻許疑函
谷之九封
河中府鸛雀樓三層前瞻中條下瞰大河唐
人留詩者甚多唯李益王文奐暢諸三篇

能狀其景李益詩曰鸛雀樓西百尺墻汀洲雲樹共茫茫漢家簫鼓隨流水魏國山河半夕陽事去千年猶恨速愁來一日即知長風煙併在思歸處遠目非春亦自傷王文奐詩曰白日依山盡黄河入海流欲窮千里目更上一層樓暢諸詩曰迥臨飛鳥上高出世塵間天勢圍平野河流入斷山

慶曆間余在金陵有饔人以一方石鎮肉視之若有鐫刻試取石洗濯乃宋海陵王墓

銘謝眺撰并書其字妬鍾繇極可愛余擕之十餘年文思副使夏元昭借去遂託以墜水今不知落何處此銘眺集中不載今録于此中樞誕聖膺曆受命於穆二祖天臨海鏡顯允世宗温文著性三善有聲四國無競嗣德方衰時唯介弟景祚云及多難攸啓載驟軨獵高闢代邸庶辟欣欣威儀濟濟亦既負扆言觀帝則正位恭已臨朝淵嘿虔思寶締負荷非克敬順天人高遜明德西光已謝東龜又良龍纛夕儼葆

挽晨鏘風搖草色日照松光春秋非我曉

夜何長

棗與棘相類皆有刺棗獨生高而少横枝棘

列生痺而成林以此爲别其文皆從朿音

刺木芒刺也朿而相戴立生者棗也朿而

相比横生者棘也不識二物者觀文可辨

金陵人胡恢愽物强記善篆隸臧否人物坐

法失官十餘年潦倒貧困赴選集于京師

是時韓魏公當國恢獻小詩自達其一聯

曰建業闗山千里遠長安風雪一家寒魏

公深憐之令篆太學石經因此得復官任

華州推官而卒

熙寧六年有司言日當蝕四月朔　上爲徹

膳避正殿一夕微雨明日不見日蝕百官

入賀是日有皇子之慶蔡子正爲樞密副

使獻詩一首前四句日昨夜薰風入舜韶

君王未御正衙朝陽輝已得前星助陰沴

潛隨夜雨消其敘四月一日避殿皇子慶

誕雲陰不見日蝕四句盡之當時無能過

之者

歐陽文忠好推晚後學王向少時爲三班奉職幹當滁州一鎮時文忠守滁州有書生爲學子不行束脩自往詣之學子閉門不接書生訟于向向判其牒曰禮聞來學不聞往教先生既已自屈弟子寧不少高盍二物以收威豈兩辭而造獄書生不直向判徑持牒以見歐公公一閱大稱其才遂爲之延譽獎進成就美名卒爲聞人

古迂陳氏家藏夢溪筆談卷十五

古迂陳氏家藏夢溪筆談卷十六

沈　括　存中述

藝文三

士人劉克愽觀異書杜甫詩有家家養烏鬼頓頓食黄魚世之說者皆謂夔峽閒至今有鬼戸乃夷人也其主謂之鬼主然不聞有烏鬼之說又鬼戸者夷人所稱又非人家所養克乃按夔州圖經稱峽中人謂鸕鷀爲烏鬼蜀人臨水居者皆養鸕鷀縄繫其頸使之捕魚得魚則倒提出之至今如

此余在蜀中見人家養鸕鷀使捕魚信然但不知謂之烏鬼耳

和魯公有艷詞一編名香奩集凝後貴乃嫁其名爲韓偓今世傳韓偓香奩集乃凝所爲也凝生平著述分爲演綸遊藝孝悌疑獄香奩籯金六集自爲遊藝集序云余有香奩籯金二集不行於世凝在政府避議論諱其名又欲後人知故於遊藝集序實之此凝之意也余在秀州其曾孫和惇家藏諸書皆魯公舊物末有印記甚完

蜀人魏野隱居不仕宦善爲詩以詩著名卜居陜州東門之外有陜州平陸縣詩云寒食花藏縣重陽菊遶灣一聲離岸櫓數點别州山最爲警句所居頗蕭灑當世顯人多與之遊寇忠愍尤愛之嘗有贈忠愍詩云好向上天辭富貴却來平地作神仙後忠愍鎮北都召野置門下北都有妓女美色而舉止生梗士人謂之生張八因府會忠愍令乞詩于野野贈之詩曰君爲北道生張八我是西州熟魏三莫怪樽前無笑

語半生半熟末相諳吴正憲憶陜郊詩云南郭迎天使東郊訪隱人隱人謂野也野死有子閑亦有清名今尚居陜中

古迂陳氏家藏夢溪筆談卷十六

古迂陳氏家藏夢溪筆談卷十七

沈括　存中述

書畫

藏書畫者多取空名偶傳爲鍾王顧陸之筆見者爭售此所謂耳鑒又有觀畫而以手摸之相傳以謂色不隱指者爲佳畫此又在耳鑒之下謂之揣骨聽聲歐陽公嘗得一古畫牡丹叢其下有一猫未知其精粗丞相正肅吴公與歐公姻家一見曰此正午牡丹也何以明之其花披哆而色燥此

日中時花也猫眼黑睛如線此正午猫眼也有帶露花則房斂而色澤猫眼早暮則睛圓日漸中狹長正午則如一線耳此亦善求古人心意也

相國寺舊畫壁乃高益之筆有畫衆工奏樂一堵最有意人多病擁琵琶者誤撥下絃衆管皆發四字琵琶四字在上絃此撥乃掩下絃誤也余以謂非誤也蓋管以發指爲聲琵琶以撥過爲聲此撥掩下絃則聲在上絃也益之布置尚能如此此其心匠可

知

書畫之妙當以神會難可以形器求也世之觀畫者多能指摘其間形象位置彩色瑕疵而已至於奥理冥造者罕見其人如彦遠畫評言王維畫物多不問四時如畫花往往以桃杏芙蓉蓮花同畫一景余家所藏摩詰畫袁安卧雪圖有雪中芭蕉此乃得心應手意到便成故其理入神迥得天意此難可與俗人論也謝赫云衛協之畫雖不該備形妙而有氣韻凌跨羣雄曠代

絶筆文歐文忠盤車圖詩云古畫畫意不
畫形梅詩詠物無隱情忘形得意知者寡
不若見詩如見畫此眞爲識畫也
王仲至閲吾家畫最愛王維畫黄梅出山圖
蓋其所圖黄梅曹溪二人氣韻神檢皆如
其爲人讀二人事迹還觀所畫可以想見
其人
國史譜言客有以按樂圖示王維維曰此霓
裳第三疊第一拍也客未然引工按曲乃
信此好奇者爲之凡畫奏樂止能畫一聲

不過金石管絃同用一字耳何曲無此聲
豈獨霓裳第三疊第一拍也或疑舞節及
佗舉動拍法中别有奇聲可驗此亦不然
霓裳曲凡十三疊前六疊無拍至第七疊
方謂之疊遍自此始有拍而舞作故白樂
天詩云中序擘騞初入拍中序即第七疊
也第三疊安得有拍但言第三疊第一拍
即知其妄也或説甞有人觀畫彈琴圖曰
此彈廣陵散也此或可信廣陵散中有數
聲佗曲皆無如潑攦聲之類是也

畫牛虎皆畫毛惟畫馬不畫毛余嘗以問畫工工
言馬毛細不可畫余難之曰鼠毛更細何
故却畫工不能對大凡畫馬其大不過盈
尺此乃以大為小所以毛細而不可畫鼠
乃如其大自當畫毛然牛虎亦是以大為
小理亦不應見毛但牛虎深毛馬淺毛理
須有別故名輩為小牛小虎雖畫毛但略
拂拭而已若務詳密翻成冗長約略拂拭
自有神觀迥然生動難可與俗人論也若
畫馬如牛虎之大者理當畫毛蓋見小馬

無毛遂亦不灑此庸人襲迹非可與論理
也又李成畫山上亭館及樓塔之類皆仰
畫飛簷其說以謂自下望上如人平地望
塔簷間見其榱桷此論非也大都山水之
法蓋以大觀小如人觀假山耳若同眞山
之法以下望上只合見一重山豈可重重
悉見兼不應見其谿谷間事又如屋舍亦
不應見中庭及後巷中事若人在東立則
山西便合是遠境人在西立則山東却合
是遠境似此如何成畫李君蓋不知以大

觀小之法其闊折髙折遠自有妙理豈在
揿㫋角也

畫工畫佛身光有匾圓如扇者身側則光亦
側此大謬也渠但見雕木佛耳不知此光
常圓也又有畫行佛光尾向後謂之順風
光此亦謬也佛光乃定果之光雖劫風不
可動豈常風能摇哉

古文已字從一從士此乃通貫天地人與王
字義同中則爲王或左或右則爲已僧肇
曰會萬物爲一已者其惟聖人乎子曰下

學而上達人不能至于此皆自成之也得
已之全者如此
度支員外郎宋迪工畫尤善爲平遠山水其
得意者有平沙鴈落遠浦帆歸山市晴嵐
江天暮雪洞庭秋月瀟湘夜雨煙寺晚鐘
漁村落照謂之八景好事者多傳之往歲
小窑村陳用之善畫迪見其畫山水謂用
之曰汝畫信工但少天趣用之深伏其言
曰常患其不及古人者正在於此迪曰此
不難耳汝先當求一敗墻張絹素訖倚之

敗墻之上朝夕觀之觀之旣久隔素見敗
墻之上高平曲折皆成山水之象心存目
想高者爲山下者爲水坎者爲谷缺者爲
澗顯者爲近晦者爲遠神領意造怳然見
其有人禽草木飛動往來之象了然在目
則隨意命筆默以神會自然境皆天就不
類人爲是謂活筆用之自此畫格進
古文自變隸其法已錯乱後轉爲楷字愈益
訛舛殆不可考如言有口爲吳無口爲天
按字書吳字本從口從矢音捩非天字也此

固近世謬從楷法言之至如兩漢篆文尚
未廢亦有可疑者如漢武帝以隱語召東
方朔云先生來來解云來來棗也按棗字
從朿（刺音）不從來此或是後人所傳非當時
語如卯金刀爲劉貨泉爲白水眞人此則
出於緯書乃漢人之語按劉字從丣酉從
金如桺駵畱皆從丣非卯字也貨從貝眞
乃從具亦非一法不知緣何如此字書與
本史所記必有一誤也

唐韓偓爲詩極清麗有手寫詩百餘篇在其

四世孫奕處侄天復中避地泉州之南安
縣子孫遂家焉慶曆中予過南安見奕出
其手集字極淳勁可愛後數年奕詣闕獻
之以忠臣之後得司士參軍終于殿中丞
又余在京師見僧送誓光上人詩亦墨跡
也與此無異
江南徐鉉善小篆映日視之畫之中心有一
縷濃墨正當其中至于屈折處亦當中無
有偏側處乃筆鋒直下不倒側故鋒常在
畫中此用筆之法也鉉嘗自謂吾晚年始

得孏匾之法凡小篆喜瘦而長孏匾之法

非老筆不能也

名畫録吴道子嘗畫佛留其圓光當大會中

對萬衆舉手一揮圓中運規觀者莫不驚

呼畫家爲之自有法但以肩倚壁盡臂揮

之自然中規其筆畫之粗細則以一指拒

壁以爲准自然均匀此無足奇道子妙處

不在於此徒驚俗眼耳

晉宋人墨迹多是弔喪問疾書簡唐正觀中

購求前世墨迹甚嚴非弔喪問疾書迹皆

入內府士大夫家所存皆當日朝廷所不
取者所以流傳至今
鯉魚當脇一行三十六鱗鱗有黑文如十字
故謂之鯉文從魚里者三百六十也然井
田法即以三百步爲一里恐四代之法容
有不相襲者
國初江南布衣徐熙僞蜀翰林待詔黄筌皆
以善畫著名尤長於畫花竹蜀平黄筌并
二子居寶居實弟惟亮皆隷翰林圖畫院
擅名一時其後江南平徐熙至京師送圖

畫院品其畫格諸黄畫花妙在賦色用筆
極新細殆不見墨迹但以輕色染成謂之
寫生徐熙以墨筆畫之殊草草略施丹粉
而已神氣迥出別有生動之意筌惡其軋
已言其畫麄惡不入格罷之熙之子乃效
諸黄之格更不用墨筆直以彩色圖之謂
之没骨圖工與諸黄不相下筌等不復能
瑕疵遂得齒院品然其氣韻皆不及熙遠
甚
余從子遼喜學書嘗論曰書之神韻雖得之

於心然法所以資講學常患世之作字分制無法凡字有兩字三四字合爲一字者須字字可拼若筆畫多寡相近者須令大小均停所謂筆畫相近如殺字乃四字合爲一當使乂朮几又四者大小皆均如朮字乃二字合當使上與小二者大小長短皆均若筆畫多寡相遠即不可强牽使停寡在左則取上齊寡在右則取下齊如從口從金此多寡不同也唫即取上齊釦則取下齊如從朮從又及從口從胃三字合

者多寡不同則叔當取下齊胃當取上齊
如此之類不可不知又曰運筆之時常使
意在筆前此古人良法也
王羲之書舊傳唯樂毅論乃羲之親書于石
其佗皆紙素所傳唐太宗裒聚二王墨迹
惟樂毅論石本其後隨太宗入昭陵朱梁
時耀州節度使溫韜發昭陵得之復傳人
間或曰公主以僞本易之元不曾入壙本
朝入高紳學士家皇祐中紳之子高安世
爲錢塘主簿樂毅論在其家余嘗見之時

石已破缺矣後獨有一海字者是也其家後十餘年安世在蘇州石已破爲數片以鐵束之後安世死石不知所在或云蘇州一富家得之亦不復見今傳樂毅論皆摹本也筆畫無復昔之清勁羲之小楷字於此殆絕遺教經之類皆非其比也

王鉷據陝州集天下良工畫壽聖寺壁爲一時妙絕畫工凡十八人皆殺之同爲一坎瘞于寺西廂使天下不復有此筆其不道如此至今尚有十堵餘其間西廊迎佛舍

利東院佛母壁最奇妙神彩皆欲飛動又有鬼母瘦佛二壁差次其餘亦不甚過人

江南中主時有北苑使董源善畫尤工秋嵐遠景多寫江南真山不爲奇峭之筆其後建業僧巨然祖述源法皆臻妙理大體源及巨然畫筆皆宜遠觀其用筆甚草草近視之幾不類物象遠觀則景物粲然幽情遠思如覩異境如源畫落照圖近視無功遠觀村落杳然深遠悉是晚景遠峯之頂宛有反照之色此妙處也

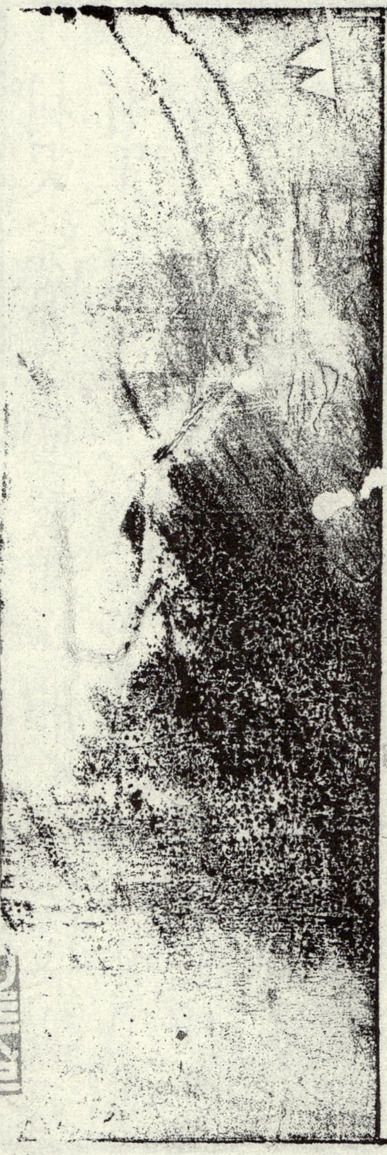

古迂陳氏家藏夢溪筆談卷十七

古迂陳氏家藏夢溪筆談卷十八

沈括存中述

技藝

造舍之法謂之木經或云喻皓所撰凡屋有
三分去聲自梁以上爲上分地以上爲中分
階爲下分凡梁長幾何則配極幾何以爲
榱等如梁長八尺配極三尺五寸則廳堂
法也此謂之上分楹若干尺則配堂基若
干尺以爲榱等若楹一丈一尺則階基四

尺五寸之類以至承拱榱桷皆有定法謂之中分階級有峻平慢三等宮中則以御輦爲法凡自下而登前竿垂盡臂後竿展盡臂爲峻道荷輦十二人前二人曰前竿次二人曰前絛又次曰前脅後一人曰後脅又後曰後絛末後曰後竿輦前隊長一人曰傳倡後一人曰報賽前竿平肘後竿平肩爲慢道前竿垂手後竿平肩爲平道此之謂下分其書三卷近歲土木之工益爲嚴善舊木經多不用未有人重爲之亦良工之一業也

審方面勢覆量高深遠近算家謂之叀術叀

文象形如繩木所用墨斗也求星辰之行
步氣朔消長謂之綴術謂不可以形察但
以筭數綴之而已北齊祖亘有綴術二卷
筭術求積尺之法如芻萌芻童方池冥谷塹
堵鼈臑圓錐陽馬之類物形備矣獨未有
隙積一術古法凡筭方積之物有立方謂
六幕皆方者其法再自乘則得之有塹堵
謂如土墻者兩邊殺兩頭齊其法併上下
廣折半以爲之廣以直高乘之又以直高
爲句以上廣減下廣餘者爲股句股乘弦

以爲斜高有芻童謂如覆斗者四面皆殺其法倍上長加入下長以上廣乘之倍下長加入上長以下廣乘之併二位法以高乘之六而一隙積者謂積之有隙者如累棊層壇及酒家積罌之類雖以覆斗四面皆殺緣有刻缺及虛隙之處用芻童法求之常失於數少余思而得之用芻童法爲上行下行別列下廣以上廣減之餘者以高乘之六而一併入上行假令積罌最上行縱橫各二罌最下行各十二罌行行相次先以上二行相次率至十二當十一行也以芻童法求

之倍上行長得四并入下長得十六以上廣乘之得之二十二又倍下長得十六并入上長得四十六以下廣乘之得三百一十二并二倍得三百四十四以高乘之得二千七百八十四重列下廣十二以上廣減之餘十以高乘之得一百一十并入上行得三千八百九十四六而一得六百四十九此爲罌數也芻童求見實方之積隙積求見合角不盡益出羨積也覆畝之法方圓曲直盡矣

末有會圓之術凡圓田既能析之須使會之復圓古法惟以中破圓法析之其失有及三倍者余別爲析會之術置圓田徑半之以爲弦又以半徑減去所割數餘者爲股各自乘以股除弦餘者開方除爲勾倍

之爲割田之直徑以所割之數自乘退一位倍之又以圓徑除所得加入直徑爲割田之弧再割亦如之減去已割之數則再割之數也假令有圓田徑十步欲割二步以半徑爲弦五步自乘得二十五又以半徑減去所割二步餘三步爲股自乘得九用減弦外有十六開平方除得四步爲勾倍之爲所割直徑以所割之數二步自乘爲四倍之得爲八退上一倍爲四尺以圓徑除令圓徑十已是盈數无可除只用四尺加入直徑爲所割之弧凡得圓徑八步四尺也再割亦依此法如圓徑二十步求弧數則當折半乃所謂以圓徑除之此二類皆造微之術古書所不到者漫志于此

□融或謂之㦸戎漢書謂之格五雖止用數
綦共行一道亦有能否徐德占善移遂至
無敵其法已常欲有餘裕而致敵人於嶮
雖知其術止如是然卒莫能勝之
弓伯兄善射自能為弓其弓有六善一者往
體少而勁二者和而有力三者久射力不
屈四者寒暑力一五者弦聲清實六者一
張便正凡弓往體少則易張而壽但患其
不勁欲其徑者妙在治筋凡筋生長一尺
乾則減半以膠湯濡而梳之復長一尺然

後用則筋力已盡無復伸弛又揉其材令
仰然後傅角與筋此兩法所以爲筋也凡
弓節短則和而虛（虛謂挽過吻則無力）節長則健而
柱（柱謂挽過吻則木強而不來 節謂把梢裨木長則柱短則虛）節得中
則和而有力仍弦聲清實凡弓初射與天
寒則勁強而難挽射久天暑則弱而不勝
矢此膠之爲病也凡膠欲薄而筋力盡強
弱任筋而不任膠此所以射久力不屈寒
暑力一也弓所以爲正者材也相材之法
視其理其理不因矯揉而直中繩則張而

不跛此弓人之所當知也

小說唐僧一行曾筭棊局都數凡若干局盡之余嘗思之此固易耳但數多非世間名數可能言之今略舉大數凡方二路用四子可變八十一局方三路用九子可變一萬九千六百八十三局方四路用十六子可變四千三百四萬六千七百二十一局方五路用二十五子可變八千四百七十二億八千八百六十萬九千四百四十三局古法十万爲億十億爲兆万兆爲秭合家以万万爲億万万億爲兆万万

兆爲垓今且以筭家數計之方六路用三十六子可變十五兆九十四萬六千三百五十二億八千二百三萬一千九百二十六局方七路以上數多無名可紀盡三百六十一路大約連書萬字五十二即是局之大數万字五十二最下万字是万局第二是万万局第三是万億局第四是億兆局第五是万兆局第六是万万兆謂之一垓第七是垓局第八是万垓第九是万倍万万垓此外无各可紀但五十二次万倍乘之即是都大數零中數不与其法初一路可變三局一黑白一空自後不以橫直但增一子即三因之凡三百六十一增皆三因之

即是都局數又法先計循邊一行爲法（凡十九路得一十億六千二百二十六万一千四百六十七局）凡加一行即以法累乘之乘終十九行亦得上數又法以自法相乘（得一百三十五兆八百五十一万七千一百七十四億四千八百二十八万七千三百三十四局、此是兩行凡三十八路變得此數也）下位副置之以下乘上又以下乘下置爲上位又副置之以下乘上以下乘下加一法亦得上數有數法可求唯此法最徑捷（只五次乘便盡三百六十一路）千變萬化不出此數棊之局盡矣西京雜記云漢元帝好蹴踘以蹴踘爲勞求相類而不勞者遂爲彈棊之戲余觀彈棊絕不類蹴踘頗與擊踘相近疑是傳寫誤耳唐薛嵩好蹴踘劉鋼勸止之曰爲樂甚衆何必乘危邀頃刻之歡此亦擊踘唐書誤述爲蹴踘彈棊今人罕爲之有譜一卷盡唐人所爲其局方二尺中心高如覆盂其巔爲小壺四角微隆起今大名開元寺佛殿上有一石局亦唐時物也李商隱詩曰玉作彈棊局中心最不平謂其中高也

白樂天詩彈棊局上事最妙是長斜長斜
謂抹角斜彈一發過半局今譜中具有此
法柳子厚敘棊用二十四棊者即此戲也
漢書注云两人對局白黑子各六枚與子
厚所記小異如奕棊古局用十七道合二
百八十九道黑白棊各百五十亦與後世
法不同

筭術多門如求一上驅搭因重因之類皆不
離乘除唯增成一法稍異其術都不用乘
除但補虧就盈而已假如欲九除者增一

便是八除者增二便是但一位一因之若
位數少則頗簡捷位數多則愈繁不若乘
除之有常然筭術不患多學見簡即用見
繁即變不膠一法乃爲通術也

版印書籍唐人尚未盛爲之自馮瀛王始印
五經已後典籍皆爲版本慶曆中有布衣
畢昇又爲活版其法用膠泥刻字薄如錢
脣每字爲一印火燒令堅先設一鐵版其
上以松脂臘和紙灰之類冒之欲印則以
一鐵範置鐵板上乃密布字印滿鐵範爲

一板持就火煬之藥稍鎔則以一平板按
其面則字平如砥若止印三二本未爲簡
易若印數十百千本則極爲神速常作二
鐵板一板印刷一板已自布字此印者纔
畢則第二板已具更互用之瞬息可就每
一字皆有數印如之也等字每字有二十
餘印以備一板內有重複者不用則以紙
貼之每韻爲一貼木格貯之有奇字素無
備者旋刻之以草火燒瞬息可成不以木
爲之者木理有踈密沾水則高下不平兼

與藥相粘不可取不若燔土用訖再火令藥鎔以手拂之其印自落殊不沾汚昇死其印爲余羣從所得至今保藏

淮南人衛朴精於曆術一行之流也春秋日蝕三十六諸曆通驗密者不過得二十六七唯一行得二十七朴乃得三十五唯莊公十八年一蝕今古筭皆不入蝕法疑前史誤耳自夏仲康五年癸巳歲至熙寧六年癸丑凡三千二百一年書傳所載日食凡四百七十五衆曆考驗雖各有得失而

朴所得爲多朴能不用筭推古今日月蝕但口誦乘除不差一筭凡大曆悉是筭數令人就耳一讀即能暗誦傍通曆則縱橫誦之甞令人寫曆書寫訖令附耳讀之有差一筭者讀至其處則曰此誤某字其精如此大乘除皆不下照位運籌如飛人眼不能逐人有故移其一筭者朴自上至下手循一遍至移筭處則撥正而去熙寧中撰奉元曆以無候簿未能盡其術自言得六七而已然已密於他曆

醫用艾一灼謂之一壯者以壯人為法其言若干壯壯人當依此數老幼羸弱量力減之

四人分曹共圍棊者有術可令必勝以我曹不能者立于彼曹能者之上令但求急先攻其必應則彼曹能者為其所制不暇恤局則常以我曹能者當彼不能者此虞卿鬭馬術也

西戎用羊卜謂之跋焦卜師謂之廝乩必定反以艾灼羊髀骨視其兆謂之死跋焦其法

兆之上爲神明近脊處爲坐位坐位者主位也近傍處爲客位盡西戎之俗所居正寢常留中一間以奉鬼神不敢居之謂之神明主人乃坐其傍以此占主客勝負又有先呪粟以食羊羊食其粟則自摇其首乃殺羊視其五藏謂之生跛焦其言極有驗委細之事皆能言之生跛焦土人尤神之

錢氏據兩浙時於杭州梵天寺建一木塔方兩三級錢帥登之患其塔動匠師云未布

瓦上輕故如此方以瓦布之而動如初無可奈何密使其妻見喻皓之妻賂以金釵問塔動之因皓笑曰此易耳但逐層布板訖便實釘之則不動矣匠師如其言塔遂定蓋釘板上下彌束六幕相聯如胠篋人履其板六幕相持自不能動人皆伏其精練

醫者所論人鬚髮眉雖皆毛類而所主五藏各異故有老而鬚白眉髮不白者或髮白而鬚眉不白者藏氣有所偏故也大率髮

屬於心稟火氣故上生鬚屬腎稟水氣故下生眉屬肝故側生男子腎氣外行上爲鬚下爲勢故女子宦人無勢則亦無鬚而眉髮無異於男子則知不屬腎也

醫之爲術苟非得之於心而恃書以爲用者未見能臻其妙如术能動鍾乳按乳石論曰服鍾乳當終身忌术五石諸散用鍾乳爲主復用术理極相反不知何謂余以問老醫皆莫能言其義按乳石論云石性雖溫而體本沈重必待其相蒸薄然後發如

此則服石多者勢自能相蒸若更以藥觸之其發必甚五石散雜以衆藥用石殊少勢不能蒸須藉外物激之令發耳如火少必因風氣所鼓而後發火盛則鼓之反爲害此自然之理也故孫思邈云五石散大猛毒寧食野葛不服五石遇此方即須焚之勿爲含生之害又曰人不服石庶事不佳石在身中萬事休泰唯不可服五石散蓋以五石散聚其所惡激而用之其發暴故也古人處方大體如此非此書所能盡

也況方書仍多僞雜如神農本草最爲舊書其閒差誤尤多醫不可以不知也

余一族子舊服芎藭醫鄭叔熊見之云芎藭不可久服多令人暴死後族子果無疾而卒又余姻家朝士張子通之妻因病腦風服芎藭甚久亦一旦暴亡皆余目見者又余甞苦腰重久坐則旅拒十餘步然後能行有一將佐見余曰得無用苦參潔齒否余時以病齒用苦參數年矣曰此病由也苦參入齒其氣傷腎能使人腰重後有太

常少卿舒昭亮用苦參揩齒歲久亦病腰

自後悉不用苦參腰疾皆愈此皆方書舊

不載者

世之摹字者多爲筆勢牽掣失其舊迹須當

横摹之汎然不問其點畫惟舊迹是循然

後盡其妙也

古人以散筆作隸書謂之散隸近歲蔡君謨

又以散筆作草書謂之散草或曰飛草其

法皆生於飛白亦自成一家

四明僧奉真良醫也天章閣待制許元爲江

淮發運使奏課于京師方欲入對而其子
疾亟瞑而不食惙惙欲逾宿矣使奉眞視
之曰脾已絶不可治死在明日元曰觀其
疾勢固知其不可救今方有事須陛對能
延數日之期否奉眞曰如此事可諸臟皆
已衰唯肝臟獨過脾爲肝所勝其氣先絶
一臟絶則死若急瀉肝氣令肝氣衰則脾
少緩可延三日過此無術也乃投藥至晚
乃能張目稍稍復啜粥明日漸蘇而能食
元甚喜奉眞笑曰此不足喜肝氣暫舒耳

無能爲也後三日果卒

古迂陳氏家藏夢溪筆談卷十八

十四

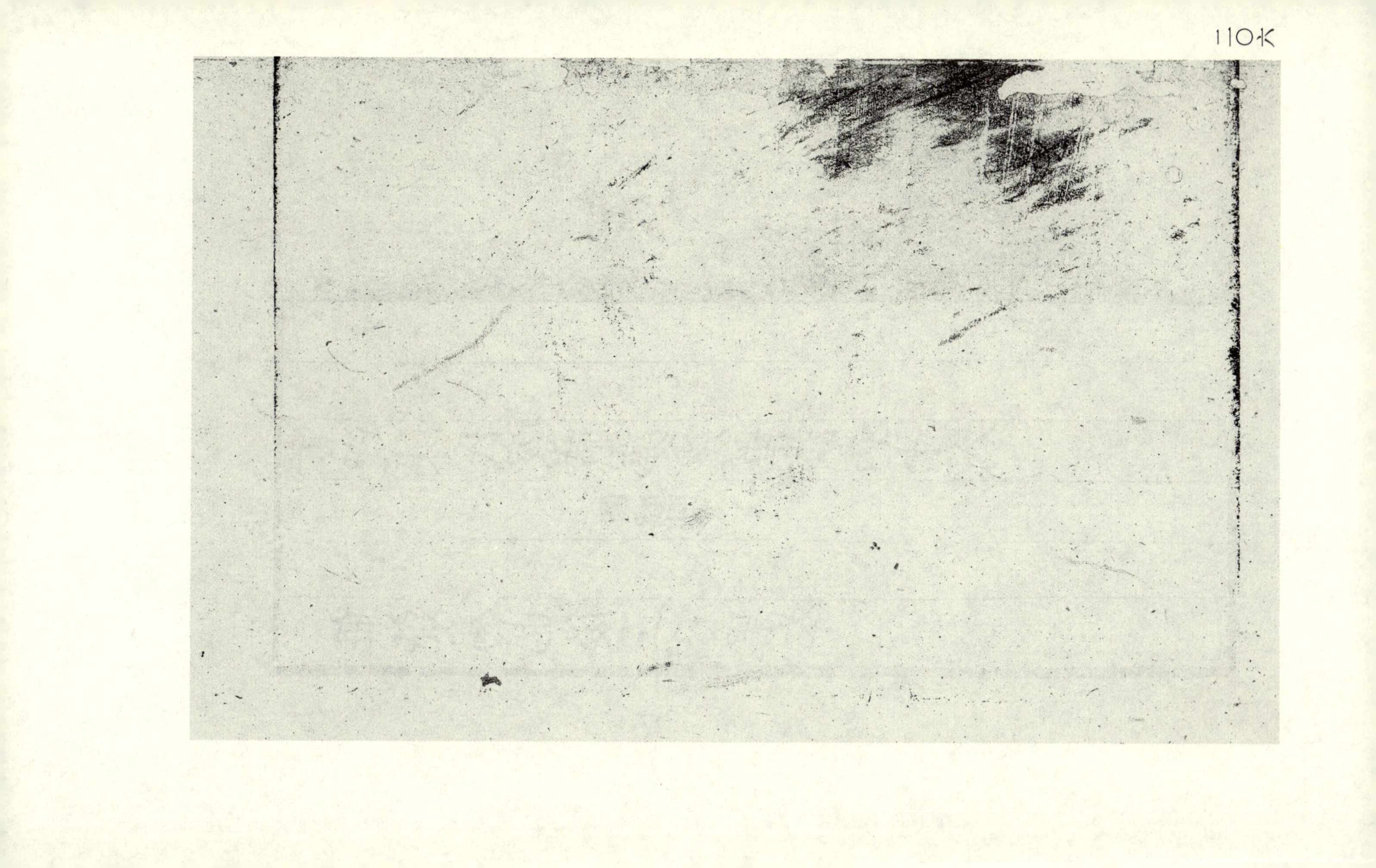

（宋）沈括 撰

元本夢溪筆談

第三册

國家圖書館出版社

第三册目録

沈括存中述

器用

禮書所載黄彝乃畫人目爲飾謂之黄目余遊關中得古銅黄彝殊不然其刻畫甚繁大體似繆篆又如闌盾間所畫回波曲水之文中間有二目如大彈丸突起煌煌然所謂黄目也視其文仿佛有牙角口吻之象或説黄目乃自是一物又余昔年在姑熟王敦城下土中得一銅鉦刻其底曰諸

葛士全茖鳥鉦茖即古落字也此部落之落士全部將名耳鉦中間鑄一物有角羊頭其身亦如篆文如今時術士所畫符傍有兩字乃大篆飛廉字篆文亦古怪則鉦間所圖盖飛廉也飛廉神獸之名淮南轉運使韓持正亦有一鉦所圖飛廉及篆字與此亦同以此驗之則黄目疑亦是一物飛廉之類其形狀如字非字如畫非畫恐古人別有深理大底先王之器皆不苟爲昔夏后鑄鼎以知神姦殆亦此類恨未能

深究其理必有所謂或曰禮圖樽彝皆以木爲之未聞用銅者此亦未可質如今人得古銅樽者極多安得言無如禮圖瓮以瓦爲之左傳却有瑤瓮律以竹爲之晉時舜祠下乃發得玉律此亦無常法如蒲穀璧禮圖悉作草稼之象今世人發古冢得蒲璧乃刻文蓬蓬如蒲花敷時穀璧如粟粒耳則禮圖亦未可爲據

禮書言罍畫雲靁之象然莫知雷作何狀今祭器中畫雷有作鬼神伐鼓之象此甚不

經余甞得一古銅罍環其腹皆有畫正如人間屋梁所畫曲水細觀之乃是雲雷相間爲飾如㔾者古雲字也象雲氣之形如◎者雷字也古文◎爲雷象回旋之聲其銅罍之飾皆一㔾一◎相間乃所謂雲雷之象也今漢書罍字䨻蓋古人以此飾罍後世自失傳耳

唐人詩多有言吳鈎者吳鈎刀名也刃彎今南蠻用之謂之葛黨刀

古法以牛革爲矢服臥則以爲枕取其中虛

附地枕之數里內有人馬聲則皆聞之蓋

虛能納聲也

鄆州發地得一銅弩機甚大製作極工其側

有刻文曰臂師虞士耳師張柔史傳無此

色目人不知何代物也

熙寧中李定獻偏架弩似弓而施幹鐙以鐙

距地而張之射三百步能洞重扎謂之神

臂弓最爲利器李定本党項羌酋自投歸

朝廷官至防團而死諸子皆以驍勇雄於

西邊

古劍有沈盧魚腸之名沈音湛沈盧謂其湛湛然黑色也古人以劑鋼爲刃柔鐵爲莖幹不爾則多斷折劍之鋼者刃多毀缺巨闕是也故不可純用劑鋼魚腸即今蟠鋼劍也又謂之松文取諸魚燔熟褫去脅視見其腸正如今之蟠鋼劍文也

濟州金鄉縣發一古塚乃漢太司徒朱鮪墓石壁皆刻人物祭器樂架之類人之衣冠多品有如今之襆頭者巾額皆方悉如今制但無脚耳婦人亦有如今之垂肩冠者

如近年所服角冠兩翼抱面下垂及肩畧無小異人情不相遠千餘年前冠服已甞如此其祭器亦有類今之食器者

古人鑄鑑鑑大則平鑑小則凸凡鑑窪則照人面大凸則照人面小小鑑不能全視人面故令微凸收人面令小則鑑雖小而能全納人面仍復量鑑之小大增損高下常令人面與鑑大小相若此工之巧智後人不能造比得古鑑皆刮磨令平此師曠所以傷知音也

長安故宮闕前有唐肺石尚在其制如佛寺
所擊響石而甚大可長八九尺形如垂肺
亦有款誌但漫剥不可讀按秋官大司寇
以肺石達窮民原其義乃伸寃者擊之立
其下然後士聽其辭如今之撾登聞鼓也
所以肺形者便於垂又肺主聲聲所以達
其寃也
熙寧中嘗發地得大錢三十餘千文皆順天
得一當時在庭皆疑古無得一年號莫知
何代物余按唐書史思明僭號鑄順天得

一錢順天乃其僞年號得一特以名鑄錢耳非年號也

世有透光鑑鑑背有銘文凡二十字字極古莫能讀以鑑承日光則背文及二十字皆透在屋壁上了了分明人有原其理以謂鑄時薄處先冷唯背文上差厚後冷而銅縮多文雖在背而鑑面隱然有迹所以於光中現余觀之理誠如是然余家有三鑑又見他家所藏皆是一樣文畫銘字無纖異者形制甚古唯此一樣光透其他鑑雖

至薄者皆莫能透意古人别自有術

余頃年在海州人家穿地得一弩機其望山甚長望山之側爲小矩如尺之有分寸原其意以目注鏃端以望山之度擬之准其高下正用筭家句股法也太甲曰往省括于度則釋疑此乃度也漢陳王寵善弩射一發十中中皆同處其法以天覆地載參連爲奇三微三小三微爲經三小爲緯要在機牙其言隱晦難曉大意天覆地載前後手勢耳三連爲奇謂以度視鏃以鏃視

的參連如衡此正是勾股度高深之術也
三經三緯則設之於堋以誌其高下左右
耳余嘗設三經三緯以鏃注之發矢亦十
得七八設度于機定加密矣
余於關中得一銅匜其臂有刻文二十字曰
律人衡蘭注水匜容一升始建國元年二
月癸卯造皆小篆律人當是官名王莽傳
中不載
青堂羌善鍛甲鐵色青黑瑩徹可鑑毛髮以
麝皮爲綳旅之柔薄而韌鎮戎軍有一鐵

甲匱藏之相傳以爲寶器韓魏公帥涇原曾取試之去之五十步强弩射之不能入嘗有一矢貫札乃是中其鑽空爲鑽空所刮鐵皆反卷其堅如此凡鍛甲之法其始甚厚不用火冷鍛之比元厚三分減二乃成其末留筯頭許不鍛隱然如瘊子欲以驗未鍛時厚薄如浚河留土筍也謂之瘊子甲今人多於甲札之背隱起僞爲瘊子雖置瘊子但元非精鋼或以火鍛爲之皆無補於用徒爲外飾而已

朝士黄秉少居長安遊驪山值道士理故宮石渠石下得折玉釵刻爲鳳首已皆破缺然製作精巧後人不能爲也鄭愚津陽門詩云破簪碎細不足拾金溝淺溜和纓緌非虛語也余又嘗過金陵人有發六朝陵寢得古物甚多余曾見一玉臂釵兩頭施轉關可以屈伸合之令圓僅於無縫爲九龍繞之功侔鬼神世多謂前古民醇工作率多鹵拙是大不然古物至巧正由民醇故也民醇則百工不苟後世風俗雖侈而

工之致力不及古人故物多不精

屋上覆橑古人謂之綺井亦曰藻井又謂之

覆海今令文中謂之鬭八吴人謂之罳頂

唯宫室祠觀爲之

今人地中得古印章多是軍中官古之佩章

罷免遷死皆上印綬得以印綬葬者極稀

土中所得多是没於行陣者

大駕玉輅唐高宗時造至今進　御自唐至

今凡三至泰山登封其佗巡幸莫記其數

至今完壯乗之安若山岳以措杯水其上

而不摇慶曆中嘗别造玉輅極天下良工爲之乘之動摇不安竟廢不用元豐中復造一輅尤極工巧未經進　御方陳于大庭車屋適壞遂壓而碎只用唐輅其穩利堅久歷世不能窺其法世傳有神物護之若行諸輅之後則隱然有聲

古迂陳氏家藏夢溪筆談卷十九

古迂陳氏家藏夢溪筆談卷二十

沈括　存中述

神奇

世人有得雷斧雷楔者云雷神所墜多於震雷之下得之而未嘗親見元豐中予居隨州夏月大雷震一木折其下乃得一楔信如所傳凡雷斧多以銅鐵爲之楔乃石耳似斧而無孔世傳雷州多雷有雷祠在焉其閒多雷斧雷楔按圖經雷州境內有雷擊二水雷水貫城下遂以名州如此則雷

自是水名言多雷乃妄也然高州有雷白
縣乃是鄰境又何謂也
越州應天寺有鰻井在一大磐石上其高數
丈井纔方數寸乃一石竅也其深不可知
唐徐浩詩云深泉鰻井開即此也其來亦
遠矣鰻時出遊人取之置懷袖間了無驚
猜如鰻而有鱗兩耳甚大尾有刃跡相傳
云黄巢曾以劍劃之凡鰻出遊越中必有
水旱疫癘之災鄉人常以此候之
治平元年常州日禺時天有大聲如雷乃一

大星幾如月見于東南少時而又震一聲
移著西南又一震而墜在宜興縣民許氏
園中遠近皆見火光赫然照天許氏藩籬
皆爲所焚是時火息視地中有一竅如杯
大極深下視之星在其中熒熒然良久漸
暗尚熱不可近又久之發其竅深三尺餘
乃得一圓石猶熱其大如拳一頭微鋭色
如鐵重亦如之州守鄭伸得之送潤州金
山寺至今匣藏遊人到則發視王無咎爲
之傳甚詳

山陽有一女巫其神極靈寧伯氏嘗召問之凡人問物雖在千里之外問之皆能言乃至人中心萌一意已能知之坐客方奕棊試數白黒棊握手中問其數莫不符合更漫取一把棊不數而問之則亦不能知數蓋人心所知者彼則知之心所無則莫能知如季咸之見壺子大耳三藏觀忠國師也又問以巾篋中物皆能悉數時伯氏有金剛經百冊盛一大篋中指以問之其中何物則曰空篋也伯氏乃發以示之曰此

有百冊佛經安得曰空篋鬼良久又曰空篋耳安得欺我此所謂文字相空因眞心以顯非相宜其鬼神所不能窺也

神仙之說傳聞固多余之目覩者二事供奉官陳允任衢州監酒務日允已老髮禿齒脫有客候之稱孫希齡衣服甚繿縷贈允藥一刀圭令揩齒允不甚信之暇日因取揩上齒數揩而良及歸家家人見之皆笑曰何爲以墨染鬚允驚以鑑照之上髯黑如漆矣急去巾視童首之髮已長數寸脫

齒亦隱然有生者余見允時年七十餘上
鬚及鬢盡黑而下鬚如雪又正郎蕭渤罷
白波輦運至京師有黥卒姓石能以瓦石
沙土手挼之悉成銀渤厚礼之問其法石
曰此眞氣所化未可遽傳若服丹藥可呵
而變也遂授渤丹數粒渤餌之取瓦石呵
之亦皆成銀渤乃丞相荆公姻家是時丞
相當國余爲宰士目覩此事都下士人求
見石者如市遂逃去不知所在石纔去渤
之術遂無驗石齊人也時曾子固守齊聞

之亦使人訪其家了不知石所在渤既服其丹亦宜有補年壽然不數年間渤乃病卒疑其所化特幻耳

熙寧中予察訪過咸平是時劉定子先知縣事同過一佛寺子先謂余曰此有一佛牙甚異余乃齋潔取視之其牙忽生舍利如人身之汗颷然湧出莫知其數或飛空中或墮地人以手承之即透過著牀榻摘然有聲復透下光明瑩徹爛然滿目余到京師盛傳于公卿間後有人迎至京師執政

官取入東府以次流布士大夫之家神異
之迹不可悉數有詔留大相國寺創造木
浮圖以藏之今相國寺西塔是也
菜品中蕪菁菘芥之類遇旱其標多結成花
如蓮花或作龍蛇之形此常性無足怪者
熙寧中李賓客及之知潤州園中菜花悉
成荷花仍各有一佛坐于花中形如雕刻
莫知其數暴乾之其相依然或云李君之
家奉佛甚篤因有此意
彭蠡小龍顯異至多人人能道之一事最著

熙寧中王師南征有軍仗數十船泛江而南自離眞州即有一小蛇登船船師識之曰此彭蠡小龍也當是來護軍仗耳主典者以潔器薦之蛇伏其中船乗便風日棹數百里未嘗有波濤之恐不日至洞庭蛇乃附一商人船回南康世傳其封域止於洞庭未嘗踰洞庭而南也有司以狀聞

詔封神爲順濟王遣禮官林希致 詔子中至祠下焚香畢空中忽有一蛇墜祝肩上祝曰龍君至矣其重一臂不能勝徐下

至几案閒首如龜不類蛇首也子中致
詔意曰使人至此齋三日然後致祭王受
天子命不可以不齋戒蛇受命俓入銀香
奩中蟠三日不動祭之日旣酌酒蛇乃自
奩中引首吸之俄出循案行色如濕胭脂
爛然有光穿一剪綵花過其尾尚赤其前
已變爲黄矣正如雌黄色又過一花復變
爲緑如嫩草之色少頃行上屋梁乘紙旛
脚以行輕若鴻毛倏忽入帳中遂不見明
日子中還蛇在船後送之踰彭蠡而回此

龍常遊舟檝閒與常蛇無辨但蛇行必蜿

蜒而此乃直行江人常以此辨之

天聖中近輔獻龍卵云得自大河中　詔遣

中人送潤州金山寺是歲大水金山廬舍

爲水所飄者數十閒人皆以爲龍卵所致

至今匱藏余屢見之形類色理都是雞卵

大若五外囊舉之至輕唯空殻耳

内侍李舜舉家曾爲暴雷所震其堂之西室

雷火自窻閒出赫然出簷人以爲堂屋已

焚皆出避之及雷火其舍宛然墻壁窻紙

皆黠有一木格其中雜貯諸器其漆器銀釦者銀悉鎔流在地漆器曾不焦灼有一寶刀極堅鋼就刀室中鎔爲汁而室亦儼然人必謂火當先焚草木然後流金石今乃金石皆鑠而草木無一燬者非人情所測也佛書言龍火得水而熾人火得水而滅此理信然人但知人境中事耳人境之外事有何限欲以區區世智情識窮測至理不其難哉

知道者苟未至脫然隨其所得淺深皆有效

驗尹師魯自直龍圖閣謫官過梁下與一
佛者談師魯自言以静退爲樂其人曰此
猶有所係不若進退兩忘師魯頓若有所
得自爲文以記其說後移鄧州是時范文
正公守南陽少日師魯忽手書與文正別
仍屬以後事文正極訝之時方饌客掌書
記朱炎在坐炎老人好佛學文正以師魯
書示炎曰師魯遷謫失意遂至乖理殊可
怪也宜往見之爲致意開譬之無使成疾
炎即詣尹而師魯已沐浴衣冠而坐見炎

來道文正意乃笑曰何希文猶以生人見待洙死矣與參談論頃時遂隱几而卒炎急使人馳報文正文正至哭之甚哀師魯忽舉頭曰早已與公別安用復來文正驚問所以師魯笑曰死生常理也希文豈不達此又問其後事尹曰此在公耳乃揖希文復逝俄頃又舉頭顧希文曰亦無鬼神亦無恐怖言訖遂長往師魯所養至此可謂有力矣尚未能脫有無之見何也得非進退兩志猶存於胸中歟

吳人鄭夷甫少年登科有美才嘉祐中監高
郵軍税務甞遇一術士能推人死期無不
驗者令推其命不過三十五歲憂傷感歎
殆不可堪人有勸其讀老莊以自廣久之
潤州金山一僧端坐與人談笑間遂化去
夷甫聞之喟然嘆息曰既不得壽得如此
僧復何憾哉乃從佛者授首楞嚴經往還
吳中歲餘忽有所見曰生死之理我知之
矣遂釋然放懷無復芥蔕後調封州判官
預知死日先期旬日作書與交遊親戚敘

訣及次叙家事備盡至期沐浴更衣公舍
外有小園面溪一亭潔飾吏甫至其間親
督人洒掃及焚香揮手指畫之間屹然立
化家人奔出呼之已立僵矣亭亭如植木
一手猶作指畫之狀郡守而下少時皆至
士民觀者如墻明日乃就斂高郵崔伯易
爲墓誌略叙其事余與吏甫遠親知之甚
詳士人中蓋未曾有此事

人有前知者數千百年事皆能言之夢寐亦
或有之以此知萬事無不前定余以謂不

然事非前定方其知時即是今日中間年歲亦與此同時元非先後此理宛然熟觀之可諭或曰苟能前知事有不利者可遷避之亦不然也苟可遷避則前知之時已見所避之事若不見所避之事即非前知

吳僧文捷戒律精苦奇迹甚多能知宿命然罕與人言余群從爲知制誥知杭州禮爲上客遘嘗學誦揭帝呪都未有人知捷一日相見曰舍人誦呪何故闕一句既而思其所誦果少一句浙人多言文通不壽一

日齊公往問捷捷曰公更三年為翰林學士壽四十歲後當為地下職任事權不減生時與楊樂道待制聯曹然公此時當衣衰絰視事文通聞之大駭曰數十日前曾夢楊樂道相過云受命與公同職事所居甚樂慎勿辭也後數年果為學士而丁母喪年三十九矣明年秋捷忽使人與文通訣別時文通在姑蘇急往錢塘見之捷囑曰公大期在此月何用更來宜即速還屈指計之曰急行尚可到家文通如其言馳

還徧別骨肉是夜無疾而終捷與人言多
如此不能悉記此吾家事耳捷嘗持如意
輪呪靈變尤多缾中水呪之則涌立畜一
舍利晝夜常轉於琉璃缾中捷行道遶之
捷行速則舍利亦速行緩則舍利亦緩士
人郎忠厚事之至謹就捷乞以舍利捷遂
與之封護甚嚴一日忽失所在但空缾耳
忠厚齋戒延捷加持少頃見觀音像衣上
一物蠢蠢而動疑其蟲也試取乃所亡舍
利如此者非一忠厚以余愛之持以見歸

予家至今嚴奉葢神物也

郢州漁人擲網于漢水至一潭底舉之覺重得一石長尺餘圓直如斷椽細視之乃羣小蛤鱗次相比綢繆鞏固以物試抉其一端得一書卷乃唐天寶年所造金剛題誌甚詳字法竒古其末云醫博士攝比陽縣令朱均施比陽乃唐州屬邑不知何年墜水中首尾略無霑漬爲土豪李孝源所得孝源素奉佛寶藏其書蛤筒復養之水中客至欲見則出以視之孝源因感經像之

勝異施家財萬餘緡寫佛經一藏于郢州
興陽寺特爲嚴麗
張忠定少時謁華山陳圖南遂欲隱居華山
圖南曰伦人即不可知如公者吾當分半
以相奉然公方有官職未可議此其勢如
失火家待君救火豈可不赴也乃贈以一
詩曰自吴入蜀是尋常歌舞筵中救火忙
乞得金陵養閑散亦須多謝鬢邊瘡始皆
不諭其言後忠定更鎮杭益晚年有瘡發
于頂後治不差遂自請得金陵皆如此詩

言忠定在蜀日與一僧善及歸謂僧曰君當送我至鹿頭有事奉託僧依其言至鹿頭關忠定出一書封角付僧曰謹收此後至乙卯年七月二十六日當請於官司對衆發之愼不可私發若不待其日及私發者必有大禍僧得其書至太中祥符七年歲乙卯時淩侍郎策帥蜀僧乃持其書詣府具陳忠定之言其僧亦有道者淩信其言集從官共開之乃忠定眞容也其上有手題曰詠當血食於此後數日得京師報

忠定以其 七月二十六日捐館凌乃爲
之築廟於成都蜀人自唐以來嚴祀韋南
康自此乃改祠忠定至今
熙寧七年嘉興僧道親號通照大師爲秀州
副僧正因遊温州鴈蕩山自大龍湫回欲
至瑞鹿院見一人衣布襦行澗邊身輕若
飛履木葉而過葉皆不動心疑其異人乃
下澗中揖之遂相與坐於石上問其氏族
閭里年齒皆不荅鬚髮皓白面色如少年
謂道親曰今 宋朝第六帝也更後九年

當有疾汝可持吾藥獻天子此藥人臣不
可服服之有大責宜善保守乃探囊出一
丸指端大紫色重如金錫以授道親曰龍
壽丹也欲去又謂道親曰明年歲當大疫
吴越尤甚汝名已在死籍今食吾藥勉修
善業當免此患探囊中取一栢葉與之道
親即時食之老人曰定免矣慎守吾藥至
癸亥歲自詣闕獻之言訖遂去南方大疫
兩浙無貧富皆病死者十有五六道親殊
無恙至元豐六年夏夢老人趣之曰時至

矣何不速詣闕獻藥夢中爲雷電驅逐惶懼而起徑詣秀州具述本末謁假入京詣尚書省獻之執政親問以爲狂人不受其獻明日因對奏知　上急使人追尋付內侍省問狀以所遇對未數日　先帝果不豫乃使勾當御藥院梁從政持御香賜裴錢百千同道親乘驛詣鴈蕩山求訪老人不復見乃於初遇處焚香而還　先帝尋康復謂輔臣曰此但須示服藥兆耳聞其藥至今在彰善閣當時不曾進御

廬山太平觀乃九天採訪使者祠自唐開元
中創建元豐二年道士陶智仙營一舍令
門人陳若拙董作發地忽得一缾封鐍甚
固破之其中皆五色土唯有一銅錢文有
應元保運四字若拙得之以歸其師不甚
爲異至元豐四年忽有　詔進號九天採
訪使者爲應元保運眞君遣内侍廖維持
御書殿額賜之乃與錢文符同時知制誥
熊本提舉太平觀具聞其事召本觀主首
詰其詳審其無僞乃以其錢付廖維表

獻之
祥符中方士王捷本黥卒嘗以罪配沙門島
能作黄金有老鍛工畢升曾在禁中爲捷
鍛金升云其法爲爐竈使人隔墻鼓鞴蓋
不欲人覘其啓閉也其金鐵爲之初自冶
中出色尚黑凡百餘兩爲一餅每餅輻解
鑿爲八片謂之鵶觜金者是也今人尚有
藏者　上令上坊鑄爲金龜金牌各數百
龜以賜近臣人一枚時受賜者除戚里外
在庭者十有七人餘悉埋玉清昭應宫寶

符閣及殿基之下以爲寶鎮牌賜天下州府軍監各一今謂之金寶牌者是也洪州李簡夫家有一龜乃其伯祖虚己所得者蓋十七人之數也其龜夜中往往出遊爛然有光掩之則無所得其家至今匱藏

古迂陳氏家藏夢溪筆談卷二十

古迂陳氏家藏夢溪筆談卷二十一

沈括　存中述

異事異疾附

世傳虹能入溪澗飲水信然熙寧中余使契丹至其極北黒水境永安山下卓帳是時新雨霽見虹下帳前澗中余與同職扣澗觀之虹兩頭皆垂澗中使人過澗隔虹對立相去數丈中間如隔綃縠自西望東則見蓋夕虹也立澗之東西望則爲日所鑠都無所覩久之稍稍正東踰山而去次日行一

程又復見之孫彥先云虹雨中日影也日照雨即有之

皇祐中蘇州民家一夜有人以白堊書其墻壁悉似在字字稍異一夕之間數萬家無一遺者至於臥內深隱之處戶牖間無不到者莫知其然後亦無他

延州天山之巔有奉國佛寺寺庭中有一墓世傳尸毗王之墓也尸毗王出於佛書大智論言嘗割身肉以飼餓鷹至割肉盡今天山之下有濯筋河其縣為膚施縣詳膚施之義亦與尸毗王說相符按漢書膚施

縣乃秦縣名此時尚未有佛書疑後人傳會縣名爲說雖有唐人一碑已漫滅斷折不可讀慶曆中施昌言鎮鄜延乃壞奉國寺爲倉發尸毗墓得千餘秤炭其棺槨皆朽有枯骸尚完脛骨長二尺餘髑骨大如斗并得玉環玦七十餘件玉衝牙長僅盈尺皆爲在位者所取金銀之物即入于役夫爭取珍寶遺骸多爲拉碎但付一小函中埋之東上閤門使夏元象時爲兵馬都監親董是役爲余言之甚詳至今天山倉

側昏後獨行者往往與鬼神遇郡人甚畏之

余於譙亳得一古鏡以手循之當其中心則摘然如灼龜之聲人或曰此夾鏡也然夾不可鑄須兩重合之此鏡甚薄略無焊迹恐非可合也就使焊之則其聲當銑塞今扣之其聲泠然纖遠既因抑按而響剛銅當破柔銅不能如此澄瑩洞徹歷訪鏡工皆罔然不測

世傳湖湘間因震雷有鬼神書謝仙火三字

於木柱上其字入木如刻倒書之此說甚

著近歲秀州華亭縣亦因雷震有字在天

王寺屋柱上亦倒書云高洞楊雅一十六

人火令章凡十一字内令章兩字特奇勁

似唐人書體至今尚在頗與謝仙火事同

所謂火者疑若隊伍若干人爲一火耳余

在漢東時清明日雷震死二人於州守園

中脅上各有兩字如墨筆畫扶踈類栢葉

不知何字

元厚之少時曾夢人告之異日當爲翰林學

士須兄弟數人同在禁林厚之自思素無
兄弟疑此慶爲不然熙寧中厚之除學士
同時相先後入學士院一人韓持國維一
陳和叔繹一鄧文約綰一楊元素繪并厚
之名絳五人名皆從糸始悟弟兄之說
木中有文多是柿木治平初杭州南新縣民
家折柿木中有上天大國四字余親見之
書法類顔眞卿極有筆力國字中間或字
仍挑起作尖口全是顔筆知其非僞者其
横畫即是横理斜畫即是斜理其木直剖

偶當天字中分而天字不破上下兩畫并
一脚皆橫掞出半指許如木中之節以兩
木合之如合契焉
盧中甫家吴中嘗未明而起墻柱之下有光
熠然就視之似水而動急以油紙扇挹之
其物在扇中滉漾正如水銀而光艷爛然
以火燭之則了無一物又魏國大王家亦
嘗見此物李團練評嘗與余言與中甫所
見無少異不知何異也余昔年在海州曾
夜煮鹽鴨卵其間一卵爛然通明如玉熒

發然屋中盡明置之器中十餘日臭腐幾盡愈明不已蘇州錢僧孺家煑一鴨卵亦如是物有相似者必自是一類

余在中書檢正時閱雷州奏牘有人爲鄉民詛死問其狀鄉民能以熟食呪之俄頃膾炙之類悉復爲完肉又呪之則熟肉復爲生肉又呪之則生肉能動復使之能活牛者復爲牛羊者復爲羊但小耳更呪之則漸大旣而復呪之則還爲熟食人有食其肉覺腹中淫淫而動必以金帛求解金帛

不至則腹裂而死所食牛羊自裂中出獄具案上觀其呪語但曰東方王母桃西方王母桃兩句而已其他但道其所欲更無他術

壽州八公山側土中及溪澗之間往往得小金餅上有篆文劉主字世傳淮南王藥金也得之者至多天下謂之印子金是也然止於一印重者不過半兩而已鮮有大者余甞於壽春漁人處得一餅言得於淮水中凡重七兩餘面有二十餘印背有五指

及掌痕紋理分明傳者以謂墍之所化手
痕正如握墍之迹襄隨之間故舂陵白水
地發土多得金麟趾褭蹏趾中空四傍
皆有文刻極工巧褭蹏作團餅四邊無模
範迹似於平物上滴成如今乾柹土人謂
之柹子金趙飛燕外傳帝窺趙昭儀浴多
褱金餅以賜侍兒私婢殆此類也一枚重
四兩餘乃古之一兩也色有紫豔非他金
可比以刃切之柔甚於鉛雖大塊亦可刀
切其中皆虛軟以石磨之則霏霏成屑小

說謂麟趾褭蹏乃婁敬所爲藥金方家謂
之婁金和藥最良漢書注亦云異於他金
余在漢東一歲凡數家得之有一窖數十
餅者余亦買得一餅
舊俗正月望夜迎廁神謂之紫姑亦不必正
月常時皆可召余少時見小兒輩等閑則
召之以爲嬉笑親戚間曾有召之而不肯
去者兩見有此自後遂不敢召景祐中太
常博士王綸家因迎紫姑有神降其閨女
自稱上帝後宫諸女能文章頗清麗今謂

之女仙集行于世其書有數體甚有筆力
然皆非世間篆隸其名有藻牋篆蚩金篆
十餘名綸與先君有舊余與其子弟遊親
見其筆迹其家亦時見其形但自腰以上
見之乃好女子其下常爲雲氣所擁善鼓
箏音調淒婉聽者忘倦甞謂其女曰能乘
雲與我遊乎女子許之乃自其庭中涌白
雲如蒸女子踐之雲不能載神曰汝屨下
有穢土可去屨而登女子乃韈而登如履
繒絮冉冉至屋復下曰汝未可往更期異

日後女子嫁其神乃不至其家了無禍福
爲之記傳者甚詳此余目見者粗志于此
近歲迎紫姑者極多大率多能文章歌詩
有極工者余屢見之多自稱蓬萊謫仙醫
卜無所不能棊與國手爲敵然其靈異顯
著無如王綸家者

世有奇疾者呂縉叔以知制誥知潁州忽得
疾但縮小臨終僅如小兒古人不曾有此
疾終無人識有松滋令姜愚無他疾忽不
識字數年方稍稍復舊又有一人家妾視

直物皆曲弓弦界尺之類視之皆如鉤豎
僧奉真親見之江南逆旅中一老婦啖物
不知飽徐德占過逆旅老婦愬以飢其子
恥之對德占以蒸餅啖之盡一竹簣約百
餅猶稱飢不已日飯一石米隨即痢之飢
復如故京兆醴泉主簿蔡繩余友人也亦
得飢疾每飢立須啖物稍遲則頓仆悶絶
懷中常置餅餌雖對貴官遇飢亦便齕啖
繩有美行博學有文爲時聞人終以此不
幸無人識其疾每爲之哀傷

嘉祐中楊州有一珠甚大天晦多見初出于
天長縣陂澤中後轉入甓社湖又後乃在
新開湖中凡十餘年居民行人常常見之
余友人書齋在湖上一夜忽見其珠甚近
初微開其房光自吻中出如橫一金線俄
頃忽張殼其大如半席殼中白光如銀珠
大如拳爛然不可正視十餘里間林木皆
有影如初日所照遠處但見天赤如野火
倏然遠去其行如飛浮於波中杳杳如日
古有明月之珠此珠色不類月熒熒有芒

焰殆類日光崔伯易嘗爲明珠賦伯易高郵人蓋常見之近歲不復出不知所往樊良鎮正當珠往來處行人至此往往維船數宵以待現名其亭爲玩珠

登州巨嵎山下臨大海其山有時震動山之大石皆頹入海中如此已五十餘年土人皆以爲常莫知何謂

上人宋述家有一珠大如雞卵微紺色瑩徹如水手持之映空而觀則末底一點凝翠其上色漸淺若回轉則翠處常在下不知

何物或謂之滴翠珠佛書西域有琉璃珠投之水中雖深皆可見如人仰望虛空月形疑此近之

登州海中時有雲氣如宮室臺觀城堞人物車馬冠蓋歷歷可見謂之海市或曰蛟蜃之氣所為疑不然也歐陽文忠曾出使河朔過高唐縣驛舍中夜有鬼神自空中過車馬人畜之聲一一可辨其說甚詳此不具紀問本處父老云二十年前嘗晝過縣亦歷歷見人物土人亦謂之海市與登州

所見大略相類也

近歲延州永寧關大河岸崩入地數十尺土下得竹筍一林凡數百莖根幹相連悉化爲石適有中人過亦取數莖去云欲進呈延郡素無竹此入在數十尺土下不知其何代物無乃曠古以前地卑氣濕而宜竹耶婺州金華山有松石又如核桃蘆根地蟹之類皆有成石者然皆其地本有之物不足深怪此深地中所無又非本土所有之物特可異耳

治平中澤州人家穿井土中見一物蜿蜒如
龍蛇大畏之不敢觸久之見其不動試摸
之乃石也村民無知遂碎之時程伯純爲
晉城令求得一段鱗甲皆如生物蓋蛇蜃
所化如石蟹之類
隨州醫蔡士寧常寶一息石云數十年前得
於一道人其色紫光如辰州丹沙極光瑩
如人摟和藥劑有纏紐之紋重如金錫其
上有兩三竅以細篾剔之出赤屑如丹沙
病心狂熱者服麻子許即定其斤兩歲息

士寧不能名乃以歸余或云昔人所練丹
藥也形色既異又能滋息必非凡物當求
識者辨之
隨州大洪山作人李遥殺人亡命踰年至秭
歸因出市見鸞鶴柱杖者等閑以數十錢買
之是時秭歸適又有邑民爲人所殺求賊
甚急民之子見遥所操杖識之曰此吾父
杖也遂以告官司執遥驗之果邑民之杖
也榜掠備至遥實買杖而鸞杖者已不見
卒未有以自明有司詰其行止來歷埶不

可隱乃通隨州而大洪殺人之罪遂敗卒
不知鸞杖者何人市人千萬而遥適置之
因緣及其隱匿此亦事之可恠者
至和中交趾獻麟如牛而大通身皆大麟首
有一角考之記傳與麟不類當時有謂之
山犀者然犀不言有麟莫知其的回　詔
欲謂之麟則慮夷獠見欺不謂之麟則未
有以質之止謂之異獸最爲慎重有體今
以余觀之殆天禄也按漢書靈帝中平三
年鑄天禄蝦蟆于平津門外注云天禄獸

名今鄧州南陽縣北宗資碑旁兩獸鐫其
膊一曰天祿一曰辟邪元豐中余過鄧境
聞此石獸尚在使人墨其所刻天祿辟邪
字觀之似篆似隸其獸有角鬣大鱗如手
掌南豐曾阜爲南陽令題宗資碑陰云二
獸膊之所刻獨在製作精巧高七八尺尾
鬣皆鱗甲莫知何象而名此也今詳其形
甚類交趾所獻異獸知其必天祿也
錢塘有聞人紹者常寶一劍以十大釘陷柱
中揮劍一削十釘皆截隱如秤衡而劍鑯

無纖迹用力屈之如鈎縱之鏗然有聲復
直如絃關中种諤亦畜一劒可以屈置合
中縱之復直張景陽七命論劒曰若其靈
寶則舒屈無方蓋自古有此一類非常鐵
能爲也

嘉祐中伯兄爲衛尉丞吴僧持一寶鑑來云
齋戒照之當見前途吉凶伯兄如其言乃
以水濡其鑑鑑不甚明髣髴見如人衣緋
衣而坐是時伯兄爲京寺丞衣緑無緣遷
有緋衣不數月　英宗即位覃恩賜緋後

數年僧至京師蔡景繁時爲御史嘗照之
見巳著貂蟬甚自喜不數日攝官奉祠遂
假蟬冕景繁終於承議郎乃知鑑之所卜
唯知近事耳
三司使宅本印經院熈寧中更造三司宅自
薛師政經始宅成日官周琮曰此宅前河
後直大社不利居者始自元厚之自拜日
入居之不久厚之謫去而曾子宣繼之子
宣亦謫去子厚居之子厚又遂而余爲三
司使亦以罪去李奉世繼爲之而奉世又

謫皆不緣三司職事悉以他坐䚕削奉世
去安厚卿主計而三司官廢宅毁爲官寺
厚卿亦不終任

嶺表異物誌記鱷魚甚詳余少時到閩中時
王舉直知潮州釣得一鱷其大如船畫以
爲圖而自序其下大體其形如鼉但喙長
等其身牙如鋸齒有黄蒼二色或時有白
者尾有三鈎極銛利遇鹿豕即以尾戟之
以食生卵甚多或爲魚或爲鼉黿其爲鱷
者不過一二土人設鈎于大豕之身筏而

流之水中鱷尾而食之則爲所斃
嘉祐中海州漁人獲一物魚身而首如虎亦
作虎文有兩短足在肩指爪皆虎也長八
九尺視人輒淚下舁至郡中數日方死有
父老云昔年曾見之謂之海蠻師然書傳
小說未嘗載
邕州交寇之後城壘方完有定水精舍泥佛
輒自動搖晝夜不息如此踰月時新經兵
亂人情甚懼有司不敢隱具以上聞遂有
詔令置道場禳謝動亦不已時劉初知邕

州惡其惑衆乃舁像投江中至今亦無佗

異

洛中地内多宿藏凡置第宅未經掘者例出

掘錢張文孝左丞始以數千緡買洛大第

價已定又求掘錢甚多文孝必欲得之累

增至千餘緡方售人皆以妄費及營建廬

舍土中得一石匣不甚大而刻鏤精妙皆

爲花鳥異形頂有篆字二十餘書法古怪

無人能讀發匣得黄金數百兩鬻之金價

正如買第之直斸掘錢亦在其數不差一

錢觀其窾識文畫皆非近古所有數巳前定則雖欲無妄費安可得也

熙寧九年恩州武成縣有旋風自東南來望之插天如羊角大木盡拔俄頃旋風卷入雲霄中既而漸近乃經縣城官舍民居略盡悉卷入雲中縣令兒女奴婢卷去復墜地死傷者數人民間死傷亡失者不可勝計縣城悉爲丘墟遂移今縣

宋次道春明退朝録言天聖中青州盛冬濃霜屋瓦皆成百花之狀此事五代時巳嘗

有之余亦自兩見如此慶曆中京師集禧
觀渠中冰紋皆成花果林木元豐末余到
秀州人家屋瓦上冰亦成花每瓦一枝正
如畫家所爲折枝有大花似牡丹芍藥者
細花如海棠萱草輩者皆有枝葉無毫髮
不具氣象生下雖巧筆不能爲之以紙搨
之無異石刻

熙寧中河州雨雹大者如雞卵小者如蓮芡
悉如人頭耳目口鼻皆具無異鐫刻次年
王師平河州蕃戎授首者甚衆豈克勝之

符豫告邪

古迂陳氏家藏夢溪筆談卷二十一

古迂陳氏家藏夢溪筆談卷二十二

沈括存中述

謬誤 譎詐附

東南之美有會稽之竹箭竹爲竹箭爲箭蓋二物也今採箭以爲矢而通謂矢爲箭者因其箭名之也至於用木爲笴而謂之箭則謬矣

丁晉公之逐士大夫遠嫌莫敢與之通聲問一日忽有一書與執政執政得之不敢發立具上聞洎發之乃表也深自敘致詞頗

哀切其間兩句曰雖遷陵之罪大念立
主之功多遂有北還之命謂多智變以流
人無因達章奏遂託爲執政書度以上聞
因蒙寬宥
嘗有人自負才名後爲進士狀首揚歷貴近
曾謫官知海州有筆工善畫水召使畫便
廳掩障自爲之記自書于壁間後人以其
時名至今嚴護之其間敘畫水之因曰設
於聽事以代反坫人莫不怪之余切意其
心以謂邦君屏塞門管氏亦屏塞門邦君

爲兩君之好有反坫管氏亦有反坫其文
相屬故繆以屏爲反玷耳
段成式酉陽雜俎記事多誕其間敘草木異
物尤多繆妄率記異國所出欲無根柢如
云一木五香根旃檀節沈香花鷄舌葉藿
膠薰陸此尤謬旃檀與沈香兩木元異鷄
舌即今丁香耳今藥品中所用者亦非藿
香自是草葉南方至多薰陸小木而大葉
海南亦有薰陸乃其膠也今謂之乳頭香
五物逈殊元非同類

丁晉公從車駕巡幸禮成有　詔賜輔臣玉
帶時輔臣八人行在祗候庫止有七帶尚
衣有帶謂之比玉價直數百萬　上欲以
賜輔臣以足其數晉公心欲之而位在七
人之下度必不及已乃諭有司不須發尚
衣帶自有小私帶且可服之以謝候還京
別賜可也有司具以此聞既各受賜而晉
公一帶僅如指闊　上顧謂近侍曰丁謂
帶與同列大殊速求一帶易之有司奏唯
有尚衣　御帶遂以賜之其帶熙寧中復

歸內府

黃宗旦晚年病目每奏事先具奏目成誦于口至　上前展奏目誦之其實不見也同列害之密以他書易其奏目宗旦不知也至上前所誦與奏目不同歸乃覺之遂乞致仕

京師賣卜者唯利舉場時舉人占得失取之各有術有求目下之利者凡有人問皆曰必得士人樂得所欲競往問之有邀以後之利者凡有人問悉曰不得下第者常過

十分之七皆以謂術精而言直後舉倍獲
有因此著名終身饗利者
包孝肅尹京號爲明察有編民犯法當杖脊
吏受賕與之約曰今見尹必付我責狀汝
第呼號自辯我與汝分此罪汝決杖我亦
決杖既而包引囚問畢果付吏責狀囚如
吏言分辯不已吏大聲訶之曰但受脊杖
出去何用多言包謂其市權捽吏於庭杖
之十七特寬囚罪止從杖坐以抑吏勢不
知乃爲所賣卒如素約小人爲姦固難防

也拯肅天性峭嚴未嘗有笑容人謂包希
仁笑比黄河清
李溥爲江淮發運使每歲奏計則以大船載
東南美貨結納當途莫知紀極章獻太后
垂簾時溥因奏事盛稱浙茶之美云自來
進　御唯建州餅茶而浙茶未嘗脩貢本
司以羨餘錢買到數千斤乞進入内自國
門挽船而入稱進奉茶綱有司不敢問所
貢餘者悉入私室溥晚年以賄敗竄謫海
州然自此遂爲發運司歲例每發運使入

奏舳艫蔽川自泗月七日至京余出使淮
南時見有重載入汴者求得其籍言兩浙
牋紙三暖船他物稱是
崔融爲瓦松賦云謂之木也訪山客而未詳
謂之草也驗農皇而罕記段成式難之曰
崔公博學無不該悉豈不知瓦松已有著
説引梁簡文詩依簷映昔耶成式以昔耶
爲瓦松殊不知昔耶乃是垣衣瓦松自名
昨葉何成式亦自不識
江南陳彭年博學書史於禮文尤所詳練歸

朝列于侍從朝廷郊廟禮儀多委彭年裁
定援引故事頗爲詳洽嘗攝太常卿導駕
誤行黃道上有司止之彭年正色回顧曰
自有典故禮曹素畏其該洽不復敢詰問
海物有車渠蛤屬也大者如箕背有渠壟如
蚶殼故以爲器緻如白玉生南海尚書大
傳曰文王因於姜里散宜生得大貝如[illegible]
渠以獻紂鄭康成乃解之曰車渠罔也蓋
康成不識車渠謬解之耳
李獻臣好爲雅言名　　州時孫次公爲陝

漕罷赴闕先遣一吏入京所遣乃獻臣
故吏到鄭庭參獻臣甚喜欲令左右延飯
乃問之曰餐來未使臣誤意餐者謂次公
也遽對曰離長安日都運待制已洽裝[illegible]
臣曰不問孫待制官人餐來未其人慙沮
而言曰不敢仰昧爲三司軍將日曾喫却
十三蓋鄙語謂遭杖爲餐獻臣掩口曰官
人誤也問曾與未曾餐飯欲奉留一食耳

古迂陳氏家藏夢溪筆談卷二十二

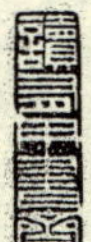

古迂陳氏家藏夢溪筆談卷二十三

沈　括　存中述

譏謔

石曼卿爲集賢校理微行倡館爲不逞者所窘曼卿醉與之校爲街司所録曼卿詭怪不羈謂主者曰只乞就本廂科決欲詰旦歸館供職廂帥不喻其謔曰此必三館吏人也杖而遣之

司馬相如叙上林諸水曰丹水紫淵灞滻涇渭八川分流相背而異態灝溔潢漾東注

太湖李善注太湖所謂震澤按八水皆入
大河如何得東注震澤又白樂天長恨歌
云峨嵋山下少人行旌旗無光日色薄峨
嵋在嘉州與幸蜀路全無交涉杜甫武侯
廟柏詩云霜皮溜雨四十圍黛色參天二
千尺四十圍乃是徑七尺無乃大細長乎
防風氏身廣九畝長三尺姬室畝廣六尺
九畝乃五丈四尺如此防風之身乃一餅
餤耳此亦文章之病也
庫藏中物物數足而名差互者帳籍中謂之

色縰音叫嘗有一從官知審官西院引見一

武人於格合遷官其人自陳年六十無材

力乞致仕敘致謙厚甚有可觀主判攘手

曰某年七十二尚能拳歐數人此轅門也

方六十歲豈得遽自引退京師人謂之色

縰

舊日官爲中允者極少唯老於幕官者累資

方至故爲之者多潦倒之人近歲州縣官

進用者多除中允遂有冷中允熱中允又

集賢殿修撰舊多以館閣久次者爲之近

歲有自常官超授要任未至從官者多除
脩撰亦有泠撰熱撰時人謂熱中允不慱
泠修撰

梅詢爲翰林學士一日書詔頗多屬思甚苦
操觚循階而行忽見一老卒卧於日中欠
伸甚適梅忽嘆曰暢哉徐問之曰汝識字
乎曰不識字梅曰更快活也

有一南方禪僧到京師衣閒緋袈裟主事僧
素不識南宗體式以爲妖服執歸有司尹
正見之亦遲疑未能斷良久喝出禪僧以

袈裟送報慈寺泥迦葉披之人以謂此僧

未有見處却是知府具一隻眼

士人應敵文章多用他人議論而非心得時

人爲之語曰問即不會用則不錯

張唐卿進士第一人及第期集于興國寺題

壁云一舉首登龍虎牓十年身到鳳凰池

有人續其下云君看姚曅并梁固不得朝

官未可知後果終於京官

信安滄景之間夂夂蚊虻夏月牛馬皆以泥塗

之不尔多爲蚊虻所斃郊行不敢乘馬馬

爲蚊虻所毒，則狂逸不可制，行人以獨輪小車馬韉蒙之，以乘，謂之木馬。挽車者皆衣韋袴。冬月作小坐牀，冰上拽之，謂之凌牀。余嘗按察河朔，見挽牀者相屬，問其所用，曰：此運使凌牀，此提刑凌牀也。聞者莫不掩口。

廬山簡寂觀道士王告，好學有文，與星子令相善。有邑豪修醮，告當爲都工，都工薄有施利。一客道士自言衣紫，當爲都工，訟于星子云：職位顛倒，稱號不便。星子令封牒與告乃判牒曰客僧做寺主俗諺有云散衆奪都工教門無例雖紫衣與黃衣稍異奈本觀與別觀不同非爲稱呼蓋利乎其中有物妄自尊顯豈所謂大道無名宜自退藏無抵刑憲告後歸貫登科爲健吏至祠部員外郎江南西路提點刑獄而卒

舊制三班奉職月俸錢七百驛券肉五斤祥符中有人爲詩題所在驛舍間曰三班奉職實堪悲卑賤孤寒即可知七百料錢何日富半斤羊肉幾時肥朝廷聞之曰如此

何以責廉隅也增今俸
嘗有一名公初任縣尉有舉人投書索米戲
爲一詩答之曰五貫九百五十俸省錢請
作足錢用妻兒尚未厭糟糠僮僕豈免遭
飢凍贖典贖解不曾休喫酒喫肉何曾夢
爲報江南癡秀才更求諸索覓甚饕熙寧
中例增選人俸錢不復有五貫九百俸者
此實養廉隅之本也
石曼卿初登科有人訟科場覆考落數人曼
卿是其數時方期集于興國寺符至追所

賜敕牒靴服數人皆啜泣而起曼卿獨解
靴袍還使人露體戴幞頭復坐語笑終席
而去次日被黜者皆授三班借職曼卿爲
一絶句曰無才且作三班借請俸爭如録
事參從此罷稱鄉貢進且須走馬東西南

蔡景繁爲河南軍巡判官日緣事至留司御
史臺閱案牘得乾德中回南郊儀仗使司
牒檢云准來文取索本京大駕鹵簿勘會
本京鹵簿儀仗先於清泰年中末帝將帶
逃走不知所在

江南宋齊丘智略之士也自以謂江南有精
兵三十萬士卒十萬大江當十萬而已當
十萬江南初主本徐溫養子及僭號遷徐
氏于海陵中主繼統用齊丘謀徐氏無男
女少長皆殺之其後齊丘嘗有一小兒病
閑閤謝客中主置燕召之亦不出有老樂
工且雙瞽作一詩書紙鳶上放入齊丘第
中詩曰化家爲國實良圖總是先生畫計
謨一箇小兒拋不得上皇當日合何如海
陵州宅之東至今有小兒墳數十皆當時

所殺徐氏之族也

有一故相遠派在姑蘇有嬉遊書其壁曰大丞相再從姪某嘗遊有士人李璋素好訕謔題其傍曰混元皇帝三十七代孫李璋繼至

吳中一士人曾爲轉運司別試解頭以此自負好附託顯位是時侍御史李制知常州丞相莊敏龐公知湖州士人遊毗陵挈其徒飲倡家顧謂一驕卒曰汝往白李二我在此飲速遣有司持酒肴來李二謂李御

史也俄頃郡厨以飲食至甚為豐腆不一
辱醫適在其家見其事後至御史之家因
語及之李君極怪使人捕得騶卒乃兵馬
都監所假受士人敎戒就使庖買飲食以
給坐客耳李乃杖騶卒使街司白士人出
城郡僚有相善者出與之别嗒之曰倉卒
遽行當何所詣士人應之曰且往湖州依
龐九耳聞者莫不大笑

館閣每夜輪校官一人直宿如有故不宿則
虚其夜謂之豁宿故事豁宿不得過四至

第五日即須入宿遇谿宿例於宿曆名位
下書腹肚不安免宿故館閣宿曆相傳謂
之害肚曆
吴人多謂梅子爲曹公以其嘗望梅止渴也
又謂鵝爲右軍有一士人遺人醋梅與燖
鵝作書云醋浸曹公一甏湯燖右軍兩隻
聊備一饌

古迂陳氏家藏夢溪筆談卷二十三

古迂陳氏家藏夢溪筆談卷二十四

沈括存中述

雜誌一

延州今有五城説者以謂舊有東西二城夾河對立高萬興郡始展南北東三關城余因讀杜甫詩云五城何迢迢迢迢隔河水延州秦北戶關防猶可倚乃知天寶中已有五城矣

鄜延境內有石油舊説高奴縣出脂水即此也生於水際沙石與泉水相雜惘惘而出

土人以雉尾裛之乃採入缶中頗似淳漆

然之如麻但煙甚濃所霑幄幕皆黑余疑

其煙可用試掃其煤以爲墨黑光如漆松

墨不及也遂大爲之其識文爲延川石液

者是也此物後必大行於世自余始爲之

蓋石油至多生於地中無窮不若松木有

時而竭今齊魯閒松林盡矣漸至太行京

西江南松山大半皆童矣造煤人蓋未知

石煙之利也石炭煙亦大墨人衣余戲爲

延州詩云二郎山下雪紛紛旋卓穹廬學

塞人化盡素衣冬未老石煙多似洛陽塵
解州鹽澤之南秋夏間多大風謂之鹽南風其勢發屋拔木幾欲動地然東與南皆不過中條西不過席張鋪北不過鳴條縱廣止於數十里之間解鹽不得此風不冰蓋大滷之氣相感莫知其然也又汝南亦多大風雖不及鹽南之厲然亦甚於他處不知緣何如此或云自城北風穴山中出今所謂風穴者已夷矣而汝南自若了知非有穴也方諺云汝州風許州葱其來素矣

昔人文章用北狄事多言黑山黑山在大幕之北今謂之姚家族有城在其西南謂之慶州余奉使嘗帳宿其下山長數十里土石皆紫黑似今之磁石有水出其下所謂黑水也胡人言黑水原下委高水曾逆流余臨視之無此理亦常流耳山在水之東大底北方水多黑色故有盧龍郡北人謂水爲龍盧龍即黑水也黑水之西有連山謂之夜來山極高峻契丹墳墓皆在山之東南麓近西有遠祖射龍廟在山之上有

龍宮藏于廟中其形如劍山西別是一族
尤爲勁悍唯啖生肉血不火食胡人謂之
山西族北與黑水胡南與達靼接境

余姻家朝散郎王九齡常言其祖貽永侍中
有女子嫁諸司使夏偕因病危甚服醫朱
嚴藥遂差貂蟬喜甚置酒酬慶之女子於坐
閒求爲朱嚴妾貂蟬難之曰今歲恩例
已許門醫劉公才若從候明年女子乃笑而
起歷歸不可留貂蟬追謝之遂召公才諭
以女子之意劉遜讓歲恩例以授朱嚴　制

下之日而嚴死公才乃囑王公曰朱嚴未受命而死法容再奏公然之再爲公才請及制下公才之尉氏縣使人召之公才方飲酒聞得官大喜遂暴卒一四門助敎而死二豎一官不可妄得況其大者乎

趙韓王治第麻擣錢一千二百餘貫其他可知蓋屋皆以板爲笪上以方塼甃之然後布瓦至今完壯（塗壁以麻擣土世俗遂謂塗壁麻爲麻擣）

契丹北境有跳兔形皆兔也但前足纔寸許後足幾一尺行則用後足跳一躍數尺止

則蹶然扑地生於契丹慶州之地大莫中余使虜日捕得數兔持歸蓋爾雅所謂蟨兔也亦曰蛩蛩巨驢也

蟭蟟之小而綠色者北人謂之螓即詩所謂螓首蛾眉者也取其頂深且方也又閩人謂大蠅為胡螓亦螓之類也

北方有白鴈似鴈而小色白秋深則來白鴈至則霜降河北人謂之霜信杜甫詩云故國霜前白鴈來即此也

熙寧中初行淤田法論者以謂史記所載涇

水一斛其泥數斗且糞且溉長我禾黍所
謂糞即淤也余出使至宿州得一石碑乃
唐人鑿六陡門發汴水以淤下澤民獲其
利刻石以頌刺史之功則淤田之法其來
蓋久矣
余奉使河北邊太行而北山崖之間往往銜
螺蚌殼及石子如鳥卵者横亘石壁如帶
此乃昔之海濵今東距海已近千里所謂
大陸者皆濁泥所湮耳堯殛鯀于羽山舊
說在東海中今乃在平陸凡大河漳水滹

沱河水桑乾之類悉是濁流今關陜以西
水行地中不減百餘尺其泥歲東流皆爲
大陸之土此理必然
唐李翱爲來南録云自淮沿流至于高郵乃
泝至于江孟子所謂決汝漢排淮泗而注
之江則淮泗固嘗入江矣此乃禹之舊迹
也熙寧中曾遣使按圖求之故道宛然但
江淮已深其流無復能至高郵耳
予中表兄李善勝曾與數年輩鍊朱砂爲丹
經歲餘因沐砂再入鼎誤遺下一塊其徒

九服之遂發憒冒一夕而斃朱砂至凉藥初生嬰子可服因火力所變遂能殺人以變化相對言之旣能變而爲大毒豈不能變而爲大善旣能變而殺人則宜有能生人之理但未得其術耳以此知神仙羽化之方不可謂之無然亦不可不戒也

温州鴈蕩山天下奇秀然自古圖牒未嘗有言者祥符中因造玉清宫伐山取材方有人見之此時尚未有名按西域書阿羅漢諾矩羅居震旦東南大海際鴈蕩山芙蓉

峯龍湫唐僧貫休爲諾矩羅贊有鴈蕩經行雲漠漠龍湫宴坐雨濛濛之句此山南有芙蓉峯下芙蓉驛前瞰大海然未知鴈蕩龍湫所在後因伐木始見此山山頂有大池相傳以爲鴈蕩下有二潭水以爲龍湫又有經行峽宴坐峯皆後人以貫休詩名之也謝靈運爲永嘉守凡永嘉山水遊歷殆遍獨不言此山蓋當時未有鴈蕩之名余觀鴈蕩諸峯皆峭拔嶮怪上聳千尺穹崖巨谷不類他山皆包在諸谷中自嶺

外望之都無所見至谷中則森然干霄原
其理當是爲谷中大水衝激沙土盡去唯
巨石巋然挺立耳如大小龍湫水簾初月
谷之類皆是水鑿之穴自下望之則高
嵒峭壁從上觀之適與地平以至諸峯之
頂亦低於山頂之地面世間溝壑中水鑿
之處皆有植土龕嵒亦此類耳今成皋陜
西大澗中立土動及百尺迥然聳立亦鴈
蕩具體而微者但此土彼石耳既非挺出
地上則爲深谷林莽所蔽故古人未見靈

運所不至理不足怪也
內諸司舍屋唯祕閣最宏壯閣下穹隆高敞
相傳謂之木天
嘉祐中蘇州崑山縣海上有一船桅折風飄
抵岸船中有三十餘人衣冠如唐人繫紅
鞓角帶短皁布衫見人皆慟哭語言不可
曉試令書字字亦不可讀行則相綴如鴈
行久之自出一書示人乃唐天祐中告授
乇羅島首領陪戎副尉制又有一書乃是
上高麗表亦稱乇羅島皆用漢字蓋東夷

之臣屬高麗者船中有諸穀唯麻子大如
蓮的蘇人種之初歲亦如蓮的次年漸小
數年後只如中國麻子時贊善大夫韓正
彦知崑山縣事召其人犒以酒食食罷以
手捧首而驟意若懽感正彦使人爲其治
桅桅舊植船木上不可動工人爲之造轉
軸教其起倒之法其人又喜復捧首而驟
熙寧中珠輦國使人入貢乞依本國俗撒殿
詔從之使人以金盤貯珠跪捧於殿檻之
間以金蓮花酌珠向
御座撒之謂之撒

殿乃其國至敬之禮也　朝退有司掃徹

得珠十餘兩分賜是日侍殿閣門使副內

臣

方家以磁石磨針鋒則能指南然常微偏東

不全南也水浮多蕩揺指爪及盌脣上皆

可爲之運轉尤速但堅滑易墜不若縷懸

爲最善其法取新纊中獨繭縷以芥子許

蠟綴于針腰無風處懸之則針常指南其

中有磨而指北者余家指南北者皆有之

磁石之指南猶柏之指西莫可原其理

歲首畫鍾馗于門不知起自何時皇祐中金陵發一塚有石誌乃宋宗慤母鄭夫人宗慤有妹名鍾馗則知鍾馗之設亦遠

信州杉溪驛舍中有婦人題壁數百言自敘世家本士族父母以嫁三班奉職鹿生之子（鹿忘其名）娩娠方三日鹿生利月俸逼令上道遂死于杉溪將死乃書此壁具逼迫苦楚之狀恨父母遠無地赴訴言極哀切頗有詞藻讀者無不感傷既死稾葬之驛後山下行人過此多爲之憤激爲詩以甲之

著百餘篇人集之謂之鹿奴詩其間甚有
佳句鹿生戛文莊家奴人惡其貪忍故斥
爲鹿奴

士人以氏族相高雖從古有之然未嘗著盛
自魏氏銓總人物以氏族相高亦未專任
門地唯四夷則全以氏族爲貴賤如天竺
以刹利婆羅門二姓爲貴種自餘皆爲庶
姓如毗舍首陁是也其下又有貧四姓如
工巧純陁是也其他諸國亦如是國主大
臣各有種姓苟非貴種國人莫肯歸之庶

姓雖有勞能亦自甘居大姓之下至今如此自後魏據中原此俗遂盛行于中國故有八氏十姓三十六族九十二姓凡三世公者曰膏粱有令僕者曰華腴尚書領護而上者爲甲姓九卿方伯者爲乙姓散騎常侍太中大夫者爲丙姓吏部正員郎爲丁姓得入者謂之四姓其後遷易紛爭莫能堅定遂取前世仕籍定以博陵崔范陽盧隴西李滎陽鄭爲甲族唐高宗時又增太原王清河崔趙郡李通謂七姓然地勢

相傾互相排詆各自著書盈編連簡殆數十家至於朝廷爲之置官譔定而流習所徇扇以成俗雖國勢不能排奪大率高下五等通有百家皆謂之士族此外悉爲庶姓婚宦皆不敢與百家齒隴西李氏乃皇族亦自列在第三其重族望如此一等之內又如崗頭盧澤底李土門崔靖恭楊之類自爲鼎族其俗至唐末方漸衰息

茶牙古人謂之雀舌麥顆言其至嫩也今茶之美者其質素良而所植之木又美則新

牙一發便長寸餘其細如針唯牙長爲上品以其質榦土力皆有餘故也如雀舌麥顆者極下材耳乃北人不識誤爲品題余山居有茶論甞茶詩云誰把嫩香名雀舌定來北客未曾甞不知靈草天然異一夜風吹一寸長

閩中荔枝核有小如丁香者多肉而甘土人亦能爲之取荔枝木去其宗根仍火燔令焦復種之以大石抵其根但令傍根得生其核乃小種之不復牙　正如六畜去勢則

多肉而不復有子耳
元豐中慶州界生子方蟲方爲秋田之害忽有一蟲生如土中狗蝎其喙有鉗千萬蔽地遇子方蟲則以鉗搏之悉爲兩段旬日子方皆盡歲以大穰其蟲舊曾有之土人謂之傍不肯
養鷹鸇者其類相語謂之味（以麥反）漱三館書有味漱三卷皆養鷹鸇法度及醫療之術
處士劉易隱居王屋山嘗於齋中見一大蜂罥于蛛網蛛搏之爲蜂所螫墜地俄頃蛛

鼓腹欲烈徐行入草蛛齧芋梗微破以瘡
就齧剫磨之良久腹漸消輕躁如故自後
人有爲蜂螫者挼芋梗傅之則愈
宋明帝好食蜜漬鱁鮧一食數升鱁鮧乃今
之烏鰂腸也如何以蜜漬食之大業中吳
郡貢蜜蟹二千頭蜜擁劍四瓮又何胤嗜
糖蟹大底南人嗜鹹北人嗜甘魚蟹加糖
蜜蓋便於北俗也如今之北方人喜用麻
油煎物不問何物皆用油煎慶曆中羣學
士會於玉堂使人置得生蛤蜊一簣令饔

人烹之久且不至客訝之使人撿視則曰煎之已焦黑而尚未爛坐客莫不大笑余甞過親家設饌有油煎法魚鱗鬛虬然無下筯處主人則捧而横嚙終不能咀嚼而罷

漳州界有一水號烏脚溪涉者足皆如墨數十里間水皆不可飲飲則病瘴行人皆載水自隨梅龍圖公儀宦州縣時沿牒至漳州素多病頗憂瘴癘爲害至烏脚溪使數人肩荷之以物蒙身恐爲毒水所沾兢惕

過甚雖盱矍鑠忽墜水中至于沒頂乃出
之舉體黑如崑崙自謂必死然自此宿病
盡除頓覺康健無復昔之羸瘵又不知何
也

北岳常岑謂之大茂山者是也半屬契丹以
大茂山分脊爲界岳祠舊在山下石晉之
後稍遷近裏今其地謂之神棚今祠乃在
曲陽祠北有望岳亭新晴氣清則望見大
茂祠中多唐人故碑殿前一亭中有李克
用題名云太原河東節度使李克用親領

步騎五十萬間罪幽陵回師自飛狐路即歸鴈門今飛狐路在茂之西自銀冶寨北出倒馬關度虜界却自石門子令水鋪入缾形梅回兩寨之間至代州今此路已不通唯北寨西出承天閣路可至河東然路極峭狹太平興國中車駕自太原移幸常山乃由土門路至今有行宮

鎮陽池苑之盛冠於諸鎮乃王鎔時海子園也鎔嘗館李正威于此亭館尚是舊物皆甚壯麗鎮人喜大言矜大其池謂之潭園

蓋不知昔嘗謂之海子矣中山人常好與
鎮人相雌雄中山城北園中亦有大池遂
謂之海子以壓鎮之潭園余熙寧中奉使
鎮定時薛師政爲定帥乃與之同議展海
子直抵西城中山王塚悉爲稻田引新河
水注之清波瀰漫數里頗類江鄉矣

古迂陳氏家藏夢溪筆談卷二十四

古迂陳氏家藏夢溪筆談卷二十五

沈　括　存中述

雜誌二

宣州寧國縣多枳首蛇其長盈尺黑鱗白章兩首文彩同但一首逆鱗耳人家庭檻間動有數十同穴略如蚯蚓

太子中允關杞曾提舉廣南西路常平倉行部邕管一吏人爲蟲所毒舉身潰爛有一醫言能治呼使視之曰此爲天蛇所螫疾已深不可爲也乃以藥傅其創有腫起處

以鉗拔之有物如蛇凡取十餘條而疾不起又余家祖塋在錢塘西溪嘗有一田家忽病癩通身潰爛號呼欲絕西溪寺僧識之曰此天蛇毒耳非癩也取木皮煮飲一𣂺許令其恣飲初日疾減半兩三日頓愈驗其木乃今之秦皮也然不知天蛇何物或云草間黄花蜘蛛是也人遭其螫仍爲露水所濡乃成此疾露涉者亦當戒也

天聖中侍御史知雜事章頻使遼死於虜中虜中無棺櫬舉至范陽方就殮自後遼人

常造數漆棺以銀飾之每有使人入境則載以隨行至今爲例

景祐中党項首領趙德明卒其子元昊嗣立朝廷遣郎官楊告入番弔祭告至其國中元昊遷延遥立屢促之然後至前受　詔及拜起顧其左右曰先王大錯有國如此而乃臣屬於人旣而饗告于廳其東屋後若千百人鍛聲告陰知其有異志還朝祕不敢言未幾元昊果叛其徒遇乞先創造番書獨居一樓上累年方成至是獻之元

昊乃改元制衣冠禮樂下令國中悉用蕃書胡禮自稱大夏　朝廷興師問罪彌歲虜之戰士益少而舊臣宿將如剛浪唛遇野利犛多以事誅元昊力孤復奉表稱蕃朝廷因赦之許其自新元昊乃更稱　凡卒曩霄慶曆中契丹舉兵討元昊元昊與之戰屢勝而契丹至者日益加衆元昊望之大駭曰何如此之衆也乃使人行成退數十里以避之契丹不許引兵壓西師陣元昊又爲之退舍如是者三　凡退百餘里每

退必盡焚其草萊契丹之馬無所食因其
退乃許平元昊遷延數日以老北師契丹
馬益病亟數軍攻之大敗契丹于金肅城
獲其僞乘輿器服子壻近臣數十人而還
先是元昊後房生一子曰甯令受甯令者
華言大王也其後又納没臧訛哤之妹生
諒祚而愛之甯令受之母恚忌欲除没臧
氏授戈于甯令受使圖之甯令受間入元
昊之室卒與元昊遇遂刺之不殊而走諸
大佐没臧訛哤輩仆甯令梟之明日元昊

死立諒祚而舅訛哤相之有梁氏者其先
中國人爲訛哤子婦諒祚私焉日視事于
國夜則從諸没藏氏訛哤慧甚謀伏甲梁
氏之宫須其入以殺之梁氏私以告諒祚
乃使召訛哤執於内室没藏强宗也子弟
族人在外者八十餘人悉誅之夷其宗以
梁氏爲妻又命其弟乞埋爲家相許其世
襲諒祚凶忍好爲亂治平中遂舉兵犯慶
州大順城諒祚乘駱馬張黄屋自出督戰
牌者彍弩射之中乃解圍去創甚馳入一

併祠有牧牛兒不得出懼伏併座下見其脫韡血踠于踝使人裹創舁載而去至其國死子秉常立而梁氏自主國事梁乞埋死其子移逋繼之謂之没甯令没甯令者華言天大王也秉常之世執國政者有嵬名浪遇元昊之弟也最老於軍事以不附諸梁遷下治而死存者三人移逋以世襲居長契次曰都羅馬尾又次曰罔萌訛略知書私侍梁氏移逋萌訛皆以昵倖進唯馬尾粗有戰功然皆庸才秉常荒孱梁氏

自主兵不以屬其子秉常不得志素慕中國有李青者本秦人亡虜中秉常昵之因說秉常以河南歸朝廷其謀泄青為梁氏所誅而秉常廢

古人論茶唯言陽羨顧渚天柱蒙頂之類都未言建溪然唐人重串茶粘黑者則已近乎建餅矣建茶皆喬木吳蜀淮南唯叢茭而已品自居下建茶勝處曰郝源曽阬其間又坌根山頂二品尤勝李氏時號為北苑置使領之

信州鉛山縣有苦泉流以爲澗挹其水熬之則成膽礬烹膽礬則成銅熬膽礬鐵釜久之亦化爲銅水能爲銅物之變化固不可測按黃帝素問有天五行地五行土之氣在天爲濕土能生金石濕亦能生金石此其驗也又石穴中水所滴皆爲鐘乳殷孽春秋分時汲井泉則結石花大滷之下則生陰精石皆濕之所化也如木之氣在天爲風木能生火風亦能生火蓋五行之性也

古之節如今之虎符其用則有圭璋龍虎之別皆櫝將之英蕩是也漢人所持節乃古之族也余在漢東得一玉琥美玉而微紅酣酣如醉肌温潤明潔或云即玫瑰也古人有以爲幣者春官以白琥禮西方是也有以爲貨者左傳加以玉琥二是也有以爲瑞節者山國用虎節是也

國朝汴渠發京畿輔郡三十餘縣夫歲一浚祥符中閤門祗候使臣謝德權領治京畿溝洫權借浚汴夫自尔後三歲一浚始令

京畿民官皆兼溝洫河道以爲常職久之
治溝洫之工漸弛邑官徒帶空名而汴渠
有二十年不浚歲歲堙澱異時京師溝渠
之水皆入汴舊尚書省都堂壁記云疎治
八渠南入汴水是也自汴流堙澱京城東
水門下至雍丘襄邑河底皆高出隄外平
地一丈二尺餘自汴隄下瞰民居如在深
谷熙寧中議改疏洛水入汴余甞因出使
按行汴渠自京師上善門量至泗州淮口
凡八百四十里一百三十步地勢京師之

地比泗州凡高十九丈四尺八寸六分於京城東數里白渠中穿井至三丈方見舊底驗量地埶用水平望尺幹尺量之不能無小差汴渠隄外皆是出土故溝水令相通時爲一堰節其水候水平其上漸淺涸則又爲一堰相齒如階陛乃量堰之上下水面相高下之數會之乃得地埶高下之實

唐風俗人在遠或閨門間則使人傳拜以爲敬本朝兩浙仍有此俗客至欲致敬于閨

闌則立使人而拜之使人入見所禮乃再拜致命若有中外則答拜使人出復拜客客與之爲禮如賓主慶曆中王君貺使契丹宴君貺于混融江觀釣魚臨歸戎主置酒謂君貺曰南北修好歲久恨不得親見南朝皇帝兄託卿爲傳一杯酒到南朝乃自起酌酒容甚恭親授君貺舉盃又自鼓琵琶上南朝皇帝千萬歲壽先是戎主之弟宗元爲燕王有全燕之衆久畜異謀戎主恐其陰附朝廷故特效恭順宗元後卒

以稱亂誅

潘閬字逍遥咸平間有詩名與錢易許洞爲友狂放不羈嘗爲詩曰散拽禪師來蹴踘乱拖遊女上鞦韆此其自序之實也後坐盧多遜黨亡命捕迹甚急閬乃變姓名僧服入中條山許洞密贈之詩曰潘逍遥平生才氣如天高倚天大笑無所懼天公嗔介口呶呶罰教臨老頭補衲歸中條我願中條山神鎮長在駈雷叱電依前趂出這老怪後會赦以四門助教召之閬乃自歸

送信州安置仍不懲艾復爲掃市舞詞曰
出砒霜價錢可羸得撥灰兼弄火暢殺我
以此爲士人不齒放弃終身
江湖閒唯畏大風冬月風作有漸船行可以
爲備唯盛夏風起于顧盼閒往往罹難曾
聞江國賈人有一術可免此患大凡夏月
風景須作于午後欲行船者五鼓初起視
星月明潔四際至地皆無雲氣便可行至
於巳時即止如此無復與暴風遇矣國子
愽士李元規云平生遊江湖未甞遇風用

此術

余使虜至古契丹界大薊茇如車蓋中國無

此大者其地名薊恐其因此也如楊州宜

楊荆州宜荆之類荆或爲楚楚亦荆木之

別名也

刀約使契丹戲爲四句詩曰押燕移離畢看

房賀跋支餞行三匹裂密賜十貔貍皆紀

實也移離畢官名如中國執政官賀跋支

如執衣防閤匹裂小木罌以色綾木爲之

如黃漆貔貍邦如鼠而大穴居食果穀嗜

肉狨人爲珍膳味如豘子而脆

世傳江西人好訟有一書名鄧思賢皆訟牒法也其始則教以侮文侮文不可得則欺誣以取之欺誣不可得則求其罪刼之蓋思賢人名也人傳其術遂以之名書村校中往往以授生徒

蔡君謨嘗書小吴牋云李及知杭州市白集一部乃爲終身之恨此君殊清節可爲世戒張乖厓鎮蜀當遨時士女環左右終三年未嘗回顧此君殊重厚可以爲薄夫之

檢押此帖今在張垂厓之孫堯夫家余以
謂買書而爲終身之恨近於過激苟其性
如此亦可尚也
陳文忠爲樞密一日日欲没時忽有中人宣
召旣入右掖已昏黑遂引入禁中屈曲行
甚乆時見有簾幃燈燭皆莫知何處已而
到一小殿殿前有两花檻已有數人先至
皆立廷中殿上垂簾蠟燭十餘炬而已相
繼而至者凡七人中使乃奏班齊唯記文
忠丁謂杜鎬三人其四人忘之杜鎬時尚

爲館職良久乘輿自宫中出燈燭亦不過
數十而已宴具甚盛卷簾令不拜升殿就
坐御座設于席東設文忠之坐于席西如
常人賓主之位堯叟等皆惶恐不敢就位
上宣喻不已堯叟懇陳自古未有君臣齊
列之禮至于再三上作色曰本爲天下太
平朝廷無事思與卿等共樂之若如此何
如就外朝開宴今日只是宫中供辦未嘗
命有司亦不召中書輔臣以卿等機密及
文館職任侍臣無嫌且欲促坐語笑不須

多辭堯叟等皆趨下稱謝上急止之曰此等禮數皆罝之堯叟悚慄危坐上語笑極歡酒五六行膳具中各出兩絳囊罝羣臣之前皆大珠也上曰時和歲豐中外康富恨不得與卿等日夕相會太平難遇此物助卿等燕集之費羣臣欲起謝上云且坐更有如是酒三行皆有所賜悉良金重寶酒罷已四鼓時人謂之天子請客文忠之子述古得於文忠頗能道其詳此略記其一二耳

關中無螃蠏元豐中余在陜西聞秦州人家收得一乾蠏土人怖其形狀以爲怪物每人家有病瘧者則借去挂門戶上往往遂差不但人不識鬼亦不識也

丞相陳秀公治第于潤州極爲閎壯池館綿亘數百步宅成公已疾甚唯肩輿一登西樓而已人謂之三不得居不得修不得賣不得

福建劇賊廖恩聚徒千餘人剽掠市邑殺害將吏江浙爲之搔然後經赦宥乃率其徒

首降朝廷補恩右班殿直赴三班院候差

遣時坐恩黜免者數十人一時在銓班敘

錄其脚色皆理私罪或公罪獨恩脚色稱

出身以來並無公私過犯

曹翰圍江州三年城將陷　太宗嘉其盡節

於所事遣使喻翰城下日拒命之人盡赦

之使人至獨木渡大風數日不可濟及風

定而濟則翰已屠江州無遺類適一日矣

唐吏部尚書張嘉福奉使河北逆韋之亂

有敕處斬尋遣使人赦之使人馬上昏睡

遲行一驛比至已斬訖與此相類得非有

命歟

慶曆中河北大水　仁宗憂形于色有走馬

承受公事使臣到闕即時召對問河北水

災何如使臣對曰懷山襄陵又問百姓如

何對曰如喪考妣上默然既退即詔閤門

令後武臣上殿奏事並須直說不得過爲

文飾至今閤門有此條遇有合奏事人即

預先告示

予奉使按邊始爲木圖寫其山川道路其初

偏復山川旋以麪糊木屑寫其形埶於木
案上未幾寒凍木屑不可爲又鎔蠟爲之
皆欲其輕易賫故也至官所則以木刻上
之上召輔臣同觀乃詔邊州皆爲木圖藏
於內府

蜀中劇賊李順陷劒南兩川關右震動朝廷
以爲憂後王師破賊梟李順收復兩川書
功行賞了無閒言至景祐中有人告李順
尚在廣州廵檢使臣陳文璉捕得之乃眞
李順也年已七十餘推驗明白囚赴闕覆

按皆實朝廷以平蜀將士功賞已行不欲
暴其事但斬順賞文璉二官仍閤門祗候
文璉泉州人康定中老歸泉州余尚識之
文璉家有李順按款本末甚詳順本味江
王小愽之妻弟始王小愽反于蜀中不能
撫其徒衆乃共推順爲主順初起悉召鄉
里富人大姓令具其家所有財粟據其生
齒足用之外一切調發大賑貧乏錄用材
能存撫良善號令嚴明所至一無所犯時
兩蜀大饑旬日之間歸之者數萬人所向

州縣開門延納傳檄所至無復完壘及敗
人尚懷之故順得脫去三十餘年乃始就
戮
交趾乃漢唐交州故地五代離亂吳文昌始
據安南稍侵交廣之地其後文昌爲丁璉
所殺復有其地國朝開寳六年璉初歸附
授静海軍節度使八年封交趾郡王景德
元年土人黎威殺璉自立三年威死安南
大乱久無酋長其後國人共立閩人李公
藴爲主天聖七年公藴死子徳政立嘉祐

六年德政死子日尊立自公蘊據安南始爲邊患屢將兵入寇至日尊乃僭稱法天應運崇仁至道慶成龍祥英武睿文尊德聖神皇帝尊公蘊爲太祖神武皇帝國號大越熙寧元年僞改元寶象次年又改神武日尊死子乾德立以官人李尚吉與其母黎氏號鷰鸞太妃同主國事熙寧八年舉兵陷邕欽廉三州九年遣宣徽使郭仲通天章閣待制趙公才討之拔廣源州擒酋領劉紀焚甲峒破机郎決里至富良江

尚吉遣王子洪眞率衆来拒大敗之斬洪
眞衆殲于江上乾德乃降是時乾德方十
歲事皆制于尚吉廣源州者本邕州羈縻
天聖七年首領儂存福歸附補存福邕州
衛職轉運使章頻罷遣之不受其地存福
乃與其子智高東掠籠州有之七源存福
因其乱殺其兄率土人劉川以七源州歸
存福廖屠八年智高自領廣源州漸吞滅
右江田州一路蠻峒皇祐元年邕州人殿
中丞昌協奏乞招收智高不報廣源州孤

立無所歸交趾覘其隙襲取存福以歸智高據州不肯下反欲圖交趾不克爲交人所攻智高出奔右江文村具金函表投邕州乞歸朝廷邕州陳拱拒不納明年智高與其四盧豹黎貌黄仲卿廖通等拔横山寨入寇陷邕州入二廣及智高敗走盧豹等收其餘衆歸劉紀下廣河至熙寧二年豹等歸順未幾復叛從紀至大軍南征郭帥遣别將燕達下廣源乃始得紀以廣源爲順州甲峒者交趾大聚落主者甲承貴

娶李公蘊之女改姓甲氏承貴之子紹泰
又娶德政之女其子景隆娶日尊之女世
爲婚姻最爲邊患自天聖五年承貴破太
平寨殺寨主李緒嘉祐五年紹泰又殺永
平寨主李德用屢侵邊境至熈寧大舉乃
討平之收隷机郎縣

太祖朝常戒禁兵之衣長不得過膝買魚肉
及酒入營門者皆有罪又制更戍之法欲
其習山川勞苦遠妻孥懷土之戀兼外戍
之日多在營之日少人人少子而衣食易

足又京師衛兵請粮者營在城東者即令
赴城西倉在城西者令赴城東倉仍不許
傭僦車脚皆須自負背親登右掖門觀之
蓋使之勞力制其驕惰故士卒衣食無外
慕安辛苦而易使

青堂羌本吐蕃别族唐末蕃將尚恐熱作乱
率衆歸中國境内離散國初有胡僧立遵
者秉乱挾其主籛逋之子唃廝囉東據宗
哥邈川城唃廝囉人號瑕薩籛逋者胡言
贊普也唃廝華言佛也囉華言男也自稱

佛男猶中國之稱天子也立遵姓李氏唃
廝囉立立遵與邈川首領温溫音逋通相之
有漢隴西南安金城三郡之地東西二千
餘里宗哥邈川即所謂三河間也祥符九
年立遵與唃廝囉引衆十萬寇邊入古渭
州知秦州曹瑋攻敗之立遵歸乃死唃廝
囉妻李氏立遵之女也生二子曰瞎氊磨
氊角立遵死唃廝囉更取喬氏生子董氊
取契丹之女爲婦李氏失寵去爲尼二子
亦去其父瞎氊居河州磨氊角居邈川唃

廝囉往來居青堂城趙元昊叛命以兵遮
廝囉遂與中國絕屯田員外郎劉渙獻議
通唃廝囉乃使渙出古渭州循末邦山至
河州國門寺絕河踰廓州至青堂見唃廝
囉授以爵命自此復通磨氈角死唃廝囉
復收邈川城收磨氈角妻子質於結羅城
唃廝囉死子董氈立朝廷復授以爵命瞎
氈有子木征木征者華言龍頭也以其唃
廝囉嫡孫昆弟行最長故謂之頭龍羌人
語倒謂之頭龍瞎氈死青堂首領瞎欒雞

羅及胡僧鹿尊共立之移居滔山董氊之
甥瞎征伏羌番部李鉞星之子也與木征
不恊其舅李篤氊挾瞎征居結𠹌古野河瞎
征數與篤氊及沈千族首領常尹丹波合
兵攻木征木征去居安鄉城有巴欺温者
喃氏族子先居結羅城其後稍强董氊河
南之城遂三分巴欺温木征居洮河淵瞎
征居結河董氊獨有河北之地熙寧五年
秋王子醇引兵始出路骨山拔香子城平
河州又出馬蘭州擒木征母弟結吴叱破

洮州木征之笄巳氈角降盡得河南熙河

洮岷疊宕六州之地自臨江寨至安鄉城

東西一千餘里降蕃户三十餘萬帳明年

瞎木征降置熙河路

范文正常言史稱諸葛亮能用度外人用人

者莫不欲盡天下之才常患近巳之好惡

而不自知也能用度外人然後能周大事

元豐中夏戎之母梁氏遣將引兵卒至保安

軍順寧寨圍之數重時寨兵至少人心危

懼有倡姥李氏得梁氏陰事甚詳乃掀衣

登陴抗聲罵之盡發其私虜人皆掩耳併
力射之莫能中李氏言愈醜虜人度李終
不可得恐且得罪遂託以他事中夜解去
雞鳴狗盗皆有所用信有之
宋宣獻博學喜藏異書皆手自校讎常謂校
書如掃塵一面掃一面生故有一書每三
四校猶有脫繆

古迂陳氏家藏夢溪筆談卷二十五

古迂陳氏家藏夢溪筆談卷二十六

沈括存中述

藥議

古方言雲母麄服則著人肝肺不可去如枇杷狗脊毛不可食皆云射入肝肺世俗似此之論甚多皆謬說也又言人有水喉氣喉者亦謬說也世傳歐希範眞五臟圖亦畫三喉蓋當時驗之不審耳水與食同嚥豈能就中遂分入二喉人但有咽有喉二者而已咽則納飲食喉則通氣咽則下入

胃脘次入胃又次入腸又次入大小腸喉

則下通五臟出入息五臟之含氣呼吸正

如治家之鼓鞴人之飲食藥餌但自咽入

腸胃何嘗能至五臟凡人之肌骨五臟腸

胃雖各别其入腸之物英精之氣味皆能

洞達但滓穢即入二腸凡人飲食及服藥

既入腸爲眞氣所蒸英精之氣味以[illegible]金

石之精者如細研硫黄朱砂乳石之類凡

能飛走融結者皆隨眞氣洞達肌骨猶如

天地之氣貫穿金石土木曾無留礙自餘

頑石草木則但氣味洞達耳及其勢盡則滓穢傳入大腸潤濕滲入小腸此皆敗物不復能變化惟當退洩耳凡所謂某物入肝某物入腎之類但氣味到彼耳凡質豈能至彼哉此醫不可不知也

余集靈苑方論雞舌香以爲丁香母蓋出陳氏拾遺今細考之尚未然按齊民要術云雞舌香世以其似丁子故一名丁子香即今丁香是也日華子云雞舌香治口氣所以三省故事郎官日含雞舌香欲其奏事

對答其氣芬芳此正謂丁香治口氣至今方書爲然又古方五香連翹湯用雞舌香千金五香連翹湯無雞舌香却有丁香此最爲明驗新補本草文出丁香一條蓋不曾深考也今世所用雞舌香乳香中得之大如山茱萸剉開中如柹核略無氣味以治疾殊極乖謬

舊說有藥用一君二臣三佐五使之說其意以謂藥雖衆主病者專在一物其他則節級相爲用大略相統制如此爲宜不必盡

然也所謂君者主此一方者固無定物也
藥性論乃以衆藥之和厚者定以爲君其
次爲臣爲佐有毒者多爲使此謬說也設
若欲攻堅積如巴豆輩豈得不爲君哉
金罌子止遺洩取其溫且澀也世之用金罌
者待其紅熟時取汁熬膏用之大誤也紅
則味甘熬膏則全斷澀味都失本性今當
取半黃時採乾擣末用之
湯散丸各有所宜古方用湯最多用丸散者
殊少煑散古方無用者唯近世人爲之本

體欲達五臟四肢者莫如湯欲留膈胃中者莫如散久而後散者莫如丸又無毒者宜湯小毒者宜散大毒者須用丸又欲速者用湯稍緩者用散甚緩者用丸此其大槩也近世用湯者全少應湯皆用煑散大率湯劑氣勢完壯力與丸散倍蓰煑散者一啜不過三五錢極矣比功較力豈敵湯勢然湯既力大則不宜有失消息用之全在良工難可以定論拘也

古法採草藥多用二月八月此殊未當但二

月草已芽八月苗未枯採掇者易辨識耳在藥則未為良時大率用根者若有宿根須取無莖葉時採則津澤皆歸其根欲驗之但取蘆菔地黃輩觀無苗時採則實而沈有苗時採則虛而浮其無宿根者即候苗成而未有花時採則根生已足而又未衰如今之紫草未花時採則根色鮮澤花過而採則根色黯惡此其效也用葉者取葉初長足時用芽者自從本說用花者取花初敷時用實者成實時採皆不可限以時月

月緣土氣有早晚天時有愆伏如平地三
月花者深山中則四月花白樂天遊大林
寺詩云人間四月芳菲盡山寺桃花始盛
開蓋常理也此地埶高下之不同也如筀
竹笋有二月生者有四月生者有五月方
生者謂之晚筀稻有七月熟者有八九月
熟者有十月熟者謂之晚稻一物同一畦
之間自有早晚此物性之不同也嶺嶠微草
淩冬不凋并汾喬木望秋先隕諸越則桃
李冬實朔漠則桃李夏榮此地氣之不同

一畝之稼則糞溉者先芽一丘之禾則後
種者晚實此人力之不同也豈可一切拘
以定月哉

本草注橘皮味苦柚皮味甘此誤也柚皮極
苦不可向口皮甘者乃橙耳

按月令冬至麋角解夏至鹿角解陰陽相反
如此今人用麋鹿茸作一種殆疏也又有
刺麋鹿血以代茸云茸亦血耳此大誤也
竊詳古人之意凡含血之物肉差易長其
次筋難長最後骨難長故人自胚胎至成

人二十年骨髓方堅唯麋角自生至堅無
兩月之久大者乃重二十餘斤其堅如石
計一晝夜須生數兩凡骨之頓成長神速
無甚於此此雖草木至易生者亦無能及之
此骨之至强者所以能補骨血堅陽道强
精髓也豈可與凡血爲比哉麋茸利補陽
鹿茸利補陰凡用茸無樂大嫩世謂之茄
子茸但珍其難得耳其實少力堅者又大
老唯長數寸破之肌如朽木茸端如馬瑙
紅玉者最善又北方戎狄中有麋麖麈駝

鹿極大而色倉麂黄而無斑亦鹿之類角大而有文瑩瑩如玉其茸亦可用

枸杞陝西極邊生者高丈餘大可作柱葉長數寸無刺根皮如厚朴甘美異於他處者千金翼云甘州者爲眞葉厚大者是大體出河西諸郡其次江池間埂上者實圓如櫻桃全少核暴乾如餅極膏潤有味

淡竹對苦竹爲文除苦竹外悉謂之淡竹不應別有一品謂之淡竹後人不曉於本草内別疏淡竹爲一物今南人食笋有苦笋

淡笋兩色淡笋即淡竹也

東方南方所用細辛皆杜衡也又謂之馬蹄香也黄白拳局而脆乾則作團非細辛也細辛出華山極細而直深紫色味極辛嚼之習習如椒其辛更甚於椒故本草云細辛水漬令直是以杜衡僞爲之也襄漢間又有一種細辛極細而直色黄白乃是鬼督郵亦非細辛也

本草注引爾雅云蘦大苦注甘草也蔓延生葉似荷青莖赤此乃黄藥也其味極苦謂

之大苦非甘草也甘草枝葉悉如槐高五
六尺但葉端微尖而糙澀似有白毛實作
角生如相思角作一本生熟則角坼子如
小匾豆及堅齒嚙不破
胡麻直是今油麻更無他說余已於靈苑方
論之其角有六稜者有八稜者中國之麻
今謂之大麻是也有實爲苴麻無實爲枲
又曰牡麻張騫始自大宛得麻油之種亦
謂之麻故以胡麻別之謂漢麻爲大麻也
赤箭即今之天麻也後人既誤出天麻一條

遂指赤箭别爲一物既無此物不得已又
取天麻苗爲之滋爲不然本草明稱採根
陰乾安得以苗爲之草藥上品除五芝之
外赤箭爲第一此神仙補理養生上藥世
人惑於天麻之説遂止用之治風良可惜
哉以謂其莖如箭既言赤箭疑當用莖此
尤不然至如鳶尾牛膝之類皆謂莖葉有
所似則用根耳何足疑哉
地菘即天名精也世人既不識天名精又妄
認地菘爲火蘞本草又出鶴蝨一條都成

紛乱今按地菘即天名精蓋其葉似菘又似名精（名精即蔓精也）故有二名鶴蝨即其實也世間有單服火蘞法乃是服地菘耳不當用火蘞（火蘞本草名稀薟即是猪膏苗後人不識亦重復出之）

南燭草木記傳本草所說多端今少有識者爲其作青精飯色黑乃誤用烏桕爲之全非也此木類也又似草類故爲之南草木今人謂之南天燭者是也南人多植於廷檻之間莖如朔藋有節高三四尺廬山有盈丈者葉微似楝而小至秋則實赤如丹

南方至多

太陰玄精生解州鹽澤大滷中溝渠土内得

之大者如杏葉小者如魚鱗悉皆尖角端

正如龜甲其裙襴小墮其前則下剡其後

則上剡正如穿山甲相掩之處全是龜甲

更無異也色緑而瑩徹叩之則直理而折

瑩明如鑑折處亦六角如柳葉火燒過則

悉解折薄如柳葉片片相離白如霜雪平

潔可愛此乃禀積陰之氣凝結故皆六角

今天下所用玄精乃絳州山中所出絳石

耳兆玄精也楚州鹽城古鹽倉下土中又
有一物六稜如馬牙消清瑩如水晶潤澤
可愛彼方亦名太陰玄精然喜暴潤如鹽
鹻之類唯解州所出者爲正
稷乃今之穄也齊晉之人謂即積皆曰祭乃
其土音乃無他義也本草注云又名穈子
穈子乃黍屬大雅維秬維秠維穈維芑秬
秠穈芑皆黍屬以色別丹黍謂之穈音門今
河西人用穈字而音穈
苦耽即本草酸漿也新集本草又重出苦耽

一條河西番界中酸將有盈丈者令之蘇合香如堅木赤色又有蘇合油如糯膠今多用此爲蘇合香按劉夢得傳信方用蘇合香云皮薄子如金色按之即少放之即起良久不定如蟲動烈者佳也如此則全非今所用者更當精考之

薰陸即乳香也本名薰陸以其滴下如乳頭者謂之乳頭香鎔塌在地上者謂之塌香如臘茶之有滴乳白乳之品豈可各是一物

山豆根味極苦本草言味甘者大誤也

蒿之類至多如青蒿一類自有兩種有黃色者有青色者本草謂之青蒿亦恐有別也陝西綏銀之間有青蒿在蒿叢之間時有一兩株迥然青色土人謂之香蒿莖葉與常蒿悉同但常蒿色綠而此蒿色青翠一如松檜之色至深餘蒿並黃此蒿獨青氣稍芬芳恐古人所用以此為勝

按文蛤即吳人所食花蛤也魁蛤即車螯也海蛤今不識其生時但海岸泥沙中得之

大者如棊子細者如油麻粒黄白或赤相雜蓋非一類乃諸蛤之房爲海水礱礪光瑩都非舊質蛤之屬其類至多房之堅久瑩潔者皆可用不適指一物故通謂之海蛤耳

今方家所用漏蘆乃飛廉也飛廉一名漏蘆苗似箬葉根如牛蒡綿頭者是也採時用根今閩中所用漏蘆莖如油麻高六七寸秋深枯黑如漆採時用苗本草自有條正謂之漏蘆

本草所論赭魁皆未詳審今赭魁南中極多
膚黒肌赤似何首烏切破其中赤白理如
檳榔有汁赤如赭南人以染皮製韡閩嶺
人謂之餘糧本草禹餘糧注中所引乃此
物也
石龍芮今有兩種水中生者葉光而末圓陸
生者葉毛而末鋭入藥用生水者陸生亦
謂之天灸取少葉揉繫臂上一夜作大泡
如火燒者是也
麻子海東來者最勝大如蓮實出屯羅島其

次上郡北地所出大如大豆亦善其餘皆下材用時去殼其法取麻子帛包之沸湯中浸候湯冷乃取懸井中一夜勿令著水明日日中暴乾就新瓦上輕挼其殼悉解簸揚取肉粒粒皆完

古迂陳氏家藏夢溪筆談卷二十六終

廬陵黃剛中書鋟